济南

杨峰·主编

朱军营·著

无边佳境绝尘埃

灵岩寺

JINAN

山东城市出版传媒集团·济南出版社

序
XU

讲好济南故事是我们的使命

看到济南出版社重磅推出的"济南故事"系列丛书，无论是作为济南城市的建设者，还是作为在这座历史文化名城工作与生活了数十载的济南市民，我都深感高兴与自豪。

伴随着这座历史文化名城发展变迁的足音，感受着这座时代新城前行律动的脉搏，我们会感到脚下的大地熟悉而又陌生。当时光列车驶入21世纪第三个10年的历史关口，济南的明天将会怎样，想必是每一位济南人都迫切需要了解的。要知道济南向何处去，首先要回答济南从哪里来。只有了解济南的昨天，才能知道济南的明天。了解济南故事，讲好济南故事，让更多的济南人热爱济南，让更多的外地人了解济南，使之成为建设美丽济南的磅礴动力，是我们义不容辞的使命。那么，了解济南故事，从阅读这套丛书开始，应该是个不错的选择。

济南是一座传统与现代相互融合的城市。一方面，济南地理位置得天独厚，南依泰山，北临黄河，扼南北要道，北上可达京师，南下可抵江南。济南融山、泉、湖、河、城于一体，风景绮丽，秀甲一方。她群山逶迤，众泉喷涌，城中垂杨依依，荷影点点，既有北方山川之雄奇壮阔，又有江南山水之清灵潇洒，兼具南北风物之长。作为齐鲁文化中心，她历史悠久，文脉极盛，建城两千多年以来，文人墨客、名士先贤驻足于此，歌咏于此，留下无数美好的诗篇。近代开埠以来，引商贾、办工厂、兴教育，得风气之先，领一时风骚。这些都是济南的老故事。

另一方面，作为山东省政治中心、经济中心、文化中心，当前的济南正面临新旧动能转换起步区、中国（山东）自由贸易试验区济南片区、黄河流域生态保护和高质量发展三大国家战略叠加的重大机遇，正对标习近平总书记

JiNAN

"走在前列、全面开创"的目标要求，阔步从"大明湖时代"迈向"黄河时代"。今日之济南，围绕"打造四个中心"，建设"大强美富通"现代化省会城市，努力争创国家中心城市，统筹谋篇布局经济社会发展，大力发展大数据与新一代信息技术、智能制造与高端装备、量子科技、生物制药、医疗康养等十大千亿级产业集群，加快产业转型升级，一大批重大工程、重大项目落地投产，城市发展充满了无限生机。同时大力推进城市建设管理更新，中央商务区勃然起势，"高快一体"快速路网飞速建成，城市容颜焕新蝶变，城市品质赋能升级，城市文明崇德向善，生活在这座城市里的人们，有着以往从未有过的获得感、幸福感和安全感。现在的济南又趁势而上，加快实施公共卫生应急管理、营商环境优化、双招双引、项目建设、科技创新、城市品质提升、扩大对外开放等十二项重点攻坚行动，踏上了更为壮阔的高质量发展新征程。这是济南故事的新篇章。

作为时代变化的参与者、见证者，同时也应是优秀传统文化的守望者和美好故事的讲述者，我们有责任深入讲好济南故事，告诉世人济南的前世与今生。但也许是尊奉礼仪之邦"讷于言而敏于行"的古训吧，这些年我们做了很多，讲得却还不够。济南出版社策划出版"济南故事"系列丛书，可谓正当其时。它从多层面多角度挖掘、整理和诠释济南风景名胜、人文历史，向世人娓娓道来，并以图书的形式呈现出来，是一件有着深远意义的事情。我希望这套丛书能成为一把钥匙，为读者打开一扇门，拨开历史的风尘，带领读者穿越时光，纵览波澜壮阔的历史长卷，与往圣先贤来一场跨越时空的对话。

翻开它，我们走进历史；合上它，我们可见未来。

中共济南市委常委、市委宣传部部长　杨峰

目录
MULU

灵岩寺：无边佳境绝尘埃

JINAN 济南故事

第
一
章

≋

造
化
一
佳
境

在今山东省济南市西南，泰山北麓，长清区万德镇灵岩山上，松翠柏绿，泉清壁峭，又有鸟鸣山涧，生机盎然。作为泰山十二支脉之一，这里一片山河锦绣，峰卓岭耸自不必说；拨开云雾，只见山中高塔入云，古迹荟萃，更有佛音缭绕，香火不绝。这便是大名鼎鼎的千年名刹"灵岩寺"。

灵岩寺，史载为东晋末年竺僧朗所建，后因北魏太武帝灭佛（公元438年）而毁。孝明帝正光年间（公元520~525年），法定禅师游此地时重建寺院，自此灵岩寺逐渐兴旺。到唐代达至顶峰，史载灵岩寺当时有僧侣500余名、殿宇50余座，峻塔贯云，宝楼结瑶，高门嵯峨，长廊连延。它与浙江天台宗祖庭国清寺、江苏三论宗祖庭栖霞寺、"三楚名山"湖北玉泉寺合称"域内四绝"，且位列其首。后历经宋、金、元、明、清几度兴废，寺号更迁。在历代高僧大德的不懈努力和20世纪末济南政府的大力支持下，灵岩寺佛音重现，名扬海内外。

灵岩寺的历史沉浮不仅承载着齐鲁大地上的佛家兴衰往事，更是佛教东传这一伟大历史事件中典型的缩影。我们研究灵岩寺，于时光穿梭中去了解它的繁荣和衰败，不仅是了解山东佛教文化传播的基础，也是研究整个中国佛教本土化过程的一部分。如今，灵岩寺作为一座蜚声海内外的名刹，不仅得到了各界相关学者的关注，亦备受各级政府的重视，灵岩寺遗址的考古发掘，也取得了不俗的成绩。接下来，我们将站在前人的肩膀上，一窥这拥有千年历史的古刹风采。

一、佛学入鲁

在公元前6世纪左右的南亚次大陆上（大致是印度河—恒河平原区域），大国互相征伐，战乱不断，小国只得依附大国生存，老百姓朝不保夕。根据佛教典籍记载，当时共有十六个大的雄国，故而史称"十六雄国时期"或者"列国时期"。佛教就产生在这个时期。

佛教教义劝诫老百姓放下恨意，追求和平和非暴力，这使得刚刚经历了十六国混战的列国百姓有了心灵的寄托和慰藉，也使得他们珍惜这来之不易的和平，深知一个强大且统一的王朝要远比列国纷争更为珍贵。对于当时当政的阿育王来说，自己的政治抱负却可以通过佛教传播到国土的每一寸土地，亦使得自己的统治更为牢固。

　　佛教在我国传播过程中两个关键，第一是封建统治阶层需要它，佛教开始由上而下大力发展；第二是老百姓需要它，佛教开始本土化并深入人心。两者都是必不可少的因素，同时也深刻影响着灵岩寺在千年历史中的兴衰。

　　西汉末年，佛教经由西域传入中国。大约在东汉明帝时期，迦叶摩腾和竺法兰两位译经者把佛教著作《佛说四十二章经》翻译成汉字，使其成为印度传入中国的第一部佛教经典。

　　《佛祖统纪》记载，永平七年（公元64年）的一天晚上，汉明帝刘庄梦见一高大的金身之人，头顶光明降临到宫殿中央，刘庄正要开口询问，金人已呼地一声往西方飞去。第二天一早，刘庄便将此梦告知群臣，太史傅毅回答说："西方有一种神，叫作佛，其形长丈六尺，身体呈金黄色。"刘庄听后，便派

白马寺

遣中郎将蔡愔、秦景、王遵等12人西行求法。他们跋山涉水，历经万苦，最终于大月氏国（在今青海东北部和甘肃接壤一带）请到了天竺高僧迦叶摩腾和竺法兰。永平十一年（公元68年），刘庄在洛阳西雍门外三里御道北兴建僧院，为纪念白马驮经之辛苦，遂取名"白马寺"。这是我国的第一座佛教庙宇。

汉明帝刘庄到底有没有梦到过佛祖，这是一个任何人都无法回答的问题，不过，当时的佛教虽然已经传入中国，并且受到统治阶层的欣赏，但是对于广大的老百姓来说，它不仅是一个完全陌生的外来宗教，更对其没有什么需求，只是将其看成是另外一种神仙方术罢了。自然佛教的传播在当时也非常缓慢，信徒寥寥。

东汉末年，董卓乱政，曹操挟天子以令诸侯，孙权据江东建立东吴，刘备夺取两川建立蜀汉，我国进入历史上大名鼎鼎的三国时期。三国争霸的动乱，使得百姓开始寻找心灵上的慰藉，汉魏之际原本默默无闻的佛教开始在中国大面积传播，也正是在这一时期，佛教开始传进齐鲁大地。

根据《三国志·刘繇传》记载，黄巾起义之后，汉室大乱，丹阳（今安徽宣城）人笮融投奔徐州太守陶谦，管辖下邳、彭城、广陵三郡运粮事务。然而，这家伙却经常中饱私囊，偷偷克扣粮草和贡品，因此积累了巨额财富。有趣的是，坐拥无尽资产后的笮融没有乱花钱，身为一名佛教徒，他在其辖区大力推广佛教，发放经文，并在下邳（今江苏省徐州市睢宁县古邳镇）斥巨资修建了一座高达九层、共有八角的浮屠寺，寺中有塔，上有金盘，下有重楼，每层飞檐，每面铜镜，取名"九镜塔"。不仅如此，寺内佛像外涂黄金，身披锦彩袈裟，中堂可容3 000人同时念经，史载"每浴佛，辄多设饮食，布度于路，经数十里，费以钜亿计"，其场面之宏大，铺排之奢华，可谓当世第一。笮融因此也被称为汉末佛教领袖，他所建造的佛寺和佛塔更成为我国早期佛寺佛塔的参照样式。

当时徐州所辖也包括了今山东枣庄、临沂地区，笮融的寺庙吸引了周围百里之内的佛教徒纷纷前往朝拜，所以他对佛教在齐鲁大地的传播有着开拓性的贡献。即便如此，魏晋时期佛教在山东的发展依旧困难重重，老百姓对于这一外来宗教并没有太大的兴趣，从该时期有史可查的山东籍僧人仅有竺潜、道宝两位这一现象可见一斑。

然而，后来的一段历史和一个人，却给佛教在山东的发展带来了一个全新的契机，这就是西晋末年的高僧竺僧朗。

二、取道长安

晋武帝司马炎在位期间，外戚贾氏和杨氏就在朝中拥有重要的政治地位，特别是太熙元年（公元290年）四月二十日司马炎去世，天生愚笨的晋惠帝司马衷继位，朝政大权随即落入辅政的太傅杨骏手中。然而，晋朝开国元老贾充之女、时为司马衷皇后的贾南风对此很不满。她一方面派人联络原本就和杨骏有间隙的汝南王司马亮以及楚王司马玮，让他们领兵入朝；另一方面安排人怂恿司马衷下诏，诬告杨骏造反，致使杨骏在自己府邸中被杀。接着她又伪造证据，诬陷杨氏一族最大的后台皇太后杨氏谋反，并将之贬为庶人，囚禁于金墉城。

贾南风成了真正操控整个西晋朝政的人，然而她对这一切并不满足。为了可以持续掌控西晋王朝，她设计谋害储君司马遹，欲立自己的养子韩慰祖为太子。她的所作所为最终引来了司马皇室的不满。后赵王司马伦、齐王司马冏、长沙王司马乂、成都王司马颖、河间王司马颙和东海王司马越围绕着讨伐贾南风以及争夺西晋皇位展开了遍及中原的大乱斗，再加上先前的汝南王司马亮和楚王司马玮，史称"八王之乱"。

"八王之乱"是我国历史上最为严重的皇室内乱之一，整个西晋的经济和军事实力遭到了严重破坏，上面是诸王在争权夺利，民间是尸横遍野、生灵涂炭、农业荒废。光熙元年（公元306年），东海王司马越攻入洛阳，毒死晋惠帝司马衷，并扶持豫章王司马炽继位，是为晋怀帝，朝政大权却掌握在司马越手中，"八王之乱"宣布结束。

可刚刚经历完内乱，本以为终于天下太平的中原老百姓没有想到，一场更大的灾难正在酝酿之中。"八王之乱"不仅严重消耗了西晋皇室的实力，同时八王在争斗过程中亦借助了胡人的军队来打压对手。早在公元304年冬天，奉西晋皇帝之命前往川蜀平叛起义的大将军兼氐族领袖李雄，便趁中原混乱在成都自立为王，废除西晋律法，建立汉，史称"成汉"。同年，原成都王司马颖亲信、麾下大将军、匈奴人刘渊在左国城（今陕西方山县）立国，废西晋律法，国号汉，史称"汉赵、前赵"，并在公元308年正式称帝，著名的"五胡乱华"也由此开始，历史上又被称为"永嘉之乱"或者"永嘉之祸"。随后，鲜卑、羯、羌等多达数十个游牧民族纷纷在中原起义，并陆续建立起属于各自的政权。建兴四年（公元316年），晋朝都城长安被匈奴大军攻破，不得已之下，西晋皇族司马睿带领群臣南迁建康（今江苏省南京市），由此宣告西晋的灭亡和东晋的开始。而灵岩寺的创寺祖师竺僧朗，也正是因此，从长安城来到泰山脚下。

根据《高僧传》记载，竺僧朗本为京兆（今西安周边）人，年轻的时候喜欢到处游学，在各地寺庙中研习佛经，后来到当时西晋的都城长安问访高僧求取佛学，并拜高僧佛图澄为师。佛图澄本是西域龟兹国人，九岁出家，两度前往天竺学习佛法，于公元310年来到洛阳传授佛经。传说佛图澄善诵神咒，能够役使鬼神，只要用麻油掺和胭脂涂在手中，千里之外发生什么事都可以一目了然，并且还能以塔铃之声测算凶吉，无不灵验，在当时也算是远近闻名的"活神仙"。

"五胡乱华"之后，羯族部落首领石勒效忠于成汉皇帝汉光文帝刘渊。永嘉六年（公元312年）初，屯兵葛陂的石勒准备南下攻打建业，佛图澄经引见第一次见到了石勒。相传，当时石勒问佛图澄："佛法有什么玄妙吗？"佛图澄回答："佛法高深而玄妙，也可以用眼前的事给你验证它的灵验。"说罢，佛图澄取钵盛水，在钵前放了一柱刚刚点燃的香，随即合十诵经，只见钵中旋即开出一朵含苞待放的青莲。本就相信神仙之术的石勒遂把佛图澄奉为座上宾，并以礼供奉，佛图澄也跟随石勒一起南征北战，最终辅助石勒于公元319年在襄国（今河北省邢台市襄都区）称帝，史称"后赵"。

石勒登基之后，凡事都请教佛图澄，后来石勒去世，石虎登基，对佛图澄更是恭敬有加，甚至每次朝会，都由太子、诸公扶上大殿，更令太子、诸公每五日就去拜谒一次佛图澄，并尊其为"大和尚"。获得了统治阶层的信任之后，佛教的加速传播自然水到渠成。史载，佛图澄在后赵推行佛教，共建佛寺893所，其信徒除了老百姓以外，还有诸如后赵尚书张离、张良等达官显贵，而佛图澄自己门下受业僧侣常有数百，前后门徒亦高达数万之众（其中就包括竺僧朗）。不仅如此，佛图澄还劝诫石虎少造杀孽，多行善事，这种积德行善的思维让刚刚经受了战乱的老百姓很乐意接受，为之后中原佛教的流行奠定了坚实的基础。

竺僧朗师从佛图澄，对神仙方术也颇有心得。很多人第一次听到"竺僧朗"这个名字，单从字面理解，会误以为这是一位来自天竺、名字为朗的僧人。实际上当时僧侣姓氏混乱，很多人都会从师姓，由于佛图澄在天竺受道，所以他的门下弟子多以竺为姓，如竺僧朗当时比较出名的师兄弟就有竺法汰、竺法和、竺法雅等。当然也有不随师姓的，如佛图澄另一位鼎鼎大名的弟子，西晋一代高僧道安大师。他们都是中国本土的僧侣。

三、泰山传法

西晋末年，长安城被匈奴攻破，皇族司马氏率人南渡，向长江迁徙，东晋由此开始。或许是觉得长安已不宜久留，竺僧朗来到泰山一带传授佛法。中原一带此时也发生了重大变故，后赵皇帝石虎于公元349年去世，其养孙冉闵坐揽大权，下令屠杀不服从自己号令的其余胡族以及石氏子孙，并改国号为魏，史称"冉魏"。同时，石虎的儿子石祗亦在襄国称帝，后赵皇室夺帝之位全面爆发。趁后赵内乱不断的时候，氐族首领苻洪率领部众占据枋头（今河南省鹤壁市浚县），并降于东晋，接受东晋封爵。苻洪脱离后赵不久就被石虎旧将麻秋毒杀，其子苻健成了新的氐族首领，随后苻健入主长安，于公元351年和东晋断绝关系，建立前秦国，自称大秦天王、大单于，这年即前秦皇始元年。

竺僧朗很有先见之明，在其离去之后，长安城数度易主，到处断壁残垣；

而偏居一隅的山东早在公元337年便因鲜卑族首领慕容皝自立为燕王而归属燕国了。到公元342年，燕国击败后赵二十万大军，再无来自中原的军事压力，所以泰山一带在"五胡乱华"这个大动乱时期，没有受到太多战争的波及，相对来说安全和安稳许多。公元351年前后，竺僧朗到泰山支脉玉符山一带讲解佛法。过程中，竺僧朗恰好遇见了因躲避"永嘉之乱"而在玉符山脚野老庄隐居的方士张忠。两人一见如故，遂订下林下之契，时常结伴共游，谈经论道，交流心得。

根据《晋书·隐逸传》记载，张忠，字巨和，中山（今河北省定州市）人，因"永嘉之乱"隐居到了泰山。他恬静寡欲，清虚服气，餐芝饵石，以修养生练气之术。据说年逾百岁，依旧耳聪目明，并且倡导老子无为而治、至道虚无的思想。张忠依玉符山幽谷凿地为窟室，然后就自己住在里面，他的弟子也在离他不远的地方凿地为窟而居，每五天到张忠的住处一朝拜。见弟子来了，张忠也不说话，就给弟子演示一遍吐纳练气的动作，弟子们觉得自己学会了，便自行退去，即所谓"教以形不以言"。弟子们见张忠的日子实在过得清贫，于是便送其衣物，张忠一概不收。史载，竺僧朗和张忠一见如故，张忠作为当时北方著名的隐士，与竺僧朗二人在玉符山联合讲经授学，是我国佛、道历史上两家合作的一桩美谈，亦使得玉符山在当时名震北方，信徒们纷纷慕名而来，这为后来灵岩寺的繁华打下了基础。可惜的是，一道皇令打破了这一局面。

四、草创灵岩

公元370年，前秦在宰相王猛的辅佐下国力逐渐强盛，并攻破了前燕的都城邺，连国君慕容暐也被前秦军队俘虏，前燕由此宣告灭亡。也就是说，之前原本归属前燕的山东等地，又变成了前秦的地盘，张忠和竺僧朗也由前燕国民变成了前秦国民。吞并前燕之后，前秦统一整个北方的势头并没有止住，公元371年灭仇池氐族杨氏、公元376年灭前凉张氏和代国鲜卑拓跋氏，至建元十三年（公元377年）为止，摆在前秦天王苻坚眼前的敌人，只剩下南方的东晋。

作为前秦一统北方的最大功臣，拥有"功盖诸葛第一人"美誉的前秦宰相王猛于公元375年因过度劳累去世，对苻坚来说，要想打下东晋，不缺兵将，却缺少可以运筹帷幄的谋士，也就是王猛的继承人。所以苻坚求贤若渴。建元十三年（公元377年），前秦太史向苻坚禀报"有幸见于外国之分，当有圣人之辅，中国得之者昌"，苻坚随即令人去请西域大德鸠摩罗什和襄阳的高僧道安大师，以应验"圣人相辅"卦数，作为泰山著名隐士的张忠和竺僧朗自然也在列。

使者来到玉符山的时候，张忠已经年至百岁，弟子恐其年事太高，不宜随军出征。但是张忠还是沐浴更衣，对弟子说："吾余年无几，不可以逆时主之意。"道家思想一直强调的便是随遇而安，不会刻意去抵抗命运的安排，所以张忠明知自己此行已经凶多吉少，但是对于命运的安排，依旧听从。果不其然，张忠到达长安之后，苻坚要封其为"齐尚父"，但是张忠开始思念起泰山隐修的日子，说自己"年衰志谢，不堪展效，尚父之况，非敢窃拟"，一方面表达了自己年事已高，不堪大任；一方面又推辞不受，希望苻坚能够准许自己回泰山养老。苻坚见张忠去意已决，于是便派人将其送回泰山，没想到行至华山时，张忠突然感慨："我东岳道士，没于西岳，命也，奈何！"继续往前不过五十里，他便去世了。

噩耗传回玉符山，竺僧朗及张忠的弟子无不沉浸在悲痛之中，而苻坚征召竺僧朗的诏令也随之而来。为了表示对大德大能的恳切之心，苻坚甚至还亲自给竺僧朗写了一封信，即《与朗法师书》，其言："皇帝敬问太山朗和尚：大圣膺期，灵权超逸。荫盖十方，化融无外。若山海之养群生，等天地之育万物。养存生死，澄神寂妙……今遣使人安车相请，庶翼灵光回盖京邑。今并送紫金数斤，供镀形象；绢绫三十匹，奴子三人，可备洒扫。至人无违，幸望纳受。想必玄鉴见朕意。"由此可见，苻坚是真要请竺僧朗出山的，言辞诚恳，对竺僧朗非常尊敬。

竺僧朗在《答秦主苻坚书》中对苻坚说道："僧朗顿首顿首。如来永世，

第一章 造化一佳境

道风潜沦。忝在出家，栖心山岭。精诚微薄，未能弘匠，不悟陛下远问山川，诏命殷勤，实感恩旨。气力虚微，为堪跋涉，愿广开法轮，显保天祚。蒙重惠赐，即为施设，福力之功，无不蒙赖。贫道才劣，不胜所重，朗僧顿首。"他委婉拒绝了苻坚的请求。一方面因为当时的前秦依旧为是非之地，另一方面竺僧朗在泰山一带传教已经二十余年，颇具名望，如若出走，恐怕前功尽弃。不过他却收下了苻坚所赠予的钱财，因为当时的他心中已有一个大计划。

竺僧朗虽在泰山传教已经二十余年，名气渐显，但是由于一直囊中羞涩，所以只在玉符山建了数间草舍，他在拒绝苻坚的征召之后，便从玉符山来到了不远处的金舆谷昆仑山，靠着苻坚所赠予的钱财在这里"大起殿舍"，一座颇具规格的寺庙由此在昆仑山中建立起来，人们以竺僧朗的尊称"朗公"为寺名而取"朗公寺"，这成为山东地区真正意义上的第一座佛家寺庙。不仅如此，随着寺庙的建立，竺僧朗的名气也越来越大。苻坚曾下令，"朗法师戒德冰霜，学徒清秀，昆仑一山，不在搜例"。

在这之后，前秦灭亡，中国从十六国时期进入南北朝时期。北朝的第一个王朝北魏道武帝拓跋珪喜好黄老之术，听闻竺僧朗和其弟子在金舆谷昆仑山中建寺立庙，于是便遣使者送来缯、素、绢、银钵等物资；东晋孝武帝司马曜也对竺僧朗进行了赏赐；接着后燕主慕容垂、南燕主慕容德、后秦主姚兴等帝王也纷纷对竺僧朗表达了尊重，送来厚礼。其中，最为特别的就是南燕主慕容德。公元400年，慕容德在广固（今山东青州）称帝。他直接封竺僧朗为"东齐王"，并赐予他奉高（今山东泰安东）、山茌（今山东长清张夏）两县的税赋充作传授佛法的资金。

竺僧朗拒绝了慕容德的封号，却接受了两县税赋，他说："且领民户，兴造灵刹，所崇像福，冥报有所归。"这一做法不失出家人的风范，又让自己有了传播佛法的资金，竺僧朗能得如此多的统治者青睐，并在他们中间迂回游走，这份智慧，令人敬佩。朗公寺有了大笔的资金支持，事业迅速起色，山东地区佛教发展进入重要阶段。朗公寺后来居上，名气一时超越玉符山上竺僧朗所草创的灵岩寺。

今天灵岩寺所在的玉符山（灵岩山）和金舆谷昆仑山很明显并不是同一个地方，而现在的神通寺，也就是原朗公寺所在的地方才是真正金舆谷昆仑山。

后来，寺因竺僧朗而名，金舆谷昆仑山也因其盛名而被改为朗公谷。而玉符山之所以被改名灵岩山，根据《灵岩志》记载，竺僧朗在玉符山讲授《放光般若经》的时候，听者有千人，讲到精彩绝妙之处，甚至连山石都为之点头，表示肯定。后信徒将此事告知竺僧朗，竺僧朗笑道："此山灵也，不足怪。"玉符山遂改名为"灵岩山"。

但玉符山和灵岩山是否为同一座，今亦有争议，此处不论。

当时竺僧朗刚入泰山，自然也没钱建寺立庙，只能稍微做个简陋的道场用来给信徒们讲课。等到前秦苻坚赠予大量钱财之后，竺僧朗终于有钱可以"于金舆谷昆仑山中，别立精舍了"，注意这个"别"字，就说明了朗公寺并不是竺僧朗在泰山区域所建的第一所寺庙，只是后来随着各国皇帝所赠财富的增加，朗公寺名气也越来越大，风头才完全盖过了其所草创的灵岩寺。

如果你对竺僧朗所修建的寺庙到底是灵岩寺还是朗公寺还有疑问的话，那么接下来，这一切都将不会再有疑问。因为灵岩寺发展历史上第二重要的创寺祖师法定禅师，即将登上山东佛教发展的历史舞台。

JINAN 济南故事

第二章

≈

禅师始重生

一、鲁班疑云

自竺僧朗于东晋初年在泰山地区建寺讲经以来，这里汇集了齐鲁之地大量的佛教信徒。山东老百姓为了纪念竺僧朗对于灵岩寺和山东佛教的贡献，在其圆寂之后，遂将之葬在了灵岩山上，即现在灵岩寺大雄宝殿西侧的一座地下建筑鲁班洞中。

清代马大相的《灵岩志》载："鲁班洞，在辟支塔南，初开山僧朗公墓也。"但如果真是竺僧朗的墓，那么为何要叫"鲁班洞"这么一个风马牛不相及的名字呢？《长清县志》还记载了一件事：灵岩寺大雄宝殿北边、千佛殿南边有一处佛殿遗址，该殿名为五花殿，原为"中国建筑鼻祖"木匠鲁班所修，为了感谢鲁班修殿之功，在其去世之后，人们便将其葬在殿旁，所以那个洞就叫作"鲁班洞"。

众所周知，鲁班被誉为中国建筑鼻祖和木匠鼻祖。他原为鲁国人（相传为今山东曲阜人）。曲阜与灵岩山确实相距不远，如果只是普通这么一讲，旁人还真能相信一二，毕竟如果五花殿真是为建筑鼻祖鲁班所建，那么整个灵岩寺当然蓬荜生辉。

但鲁班在世之时佛教都还没传入中国，那他为何要修五花殿呢？人们老是把各种建筑附会到鲁班身上，不过都是因为羡慕其鬼斧神工的能力罢了。通过第一章我们已经知道，竺僧朗是后来迁到朗公寺的，虽然对于竺僧朗的生卒年月我们不得而知，但是他既已在当时香火鼎盛的朗公寺中，又何必圆寂后葬回灵岩寺呢？要想揭开这个答案，只能等待考古发掘。1995年灵岩寺遗址的考古发掘中，考古人员终于为我们揭开了这个千古谜团。

原来这个所谓的"鲁班洞"，既不是竺僧朗的墓，也不是鲁班的墓，而是一座石砌拱券式的门洞，说白了它就是灵岩寺早年的山门。首先鲁班洞的北端有七级石阶，阶上是一个平台，然后上面再有盝顶覆罩，以此形成一个方室。方室共开有东、西、北三个门，北门门楣上雕刻有人面纹饰，两侧则是各立有一座传统的看门石狮，并且方室的东、西两面都有通道通往顶部。如果我们从

鲁班洞

顶部向下看，则可以清晰看到面阔三间、进深两间的格局。除此以外，殿后还有一座石拱桥，桥面中央刻有四朵纵向并排的莲花。

随着考古文物的出土，当时河北省文物局出境鉴定组研究员刘建华根据门口两座石狮子的造型以及其余图案判断，石狮的大致年份为隋代，上限为北齐。山东省博物馆研究员常兴则认为鲁班洞至少是北魏正光年间（公元520年7月~525年6月）的灵岩寺入寺山门，因此，鲁班洞被认为是目前我国所挖掘出来年代最为久远的拱券式门洞。值得注意的是，鲁班洞的整体构建，包括后来的方室等，并不是同一时间建造而成的。根据碳十四的测定，寺院山门始建时期为北齐之前，而方室则为宋代建筑，当时山门或已被废弃。在北宋张公亮的《齐州景德灵岩寺记》中有这么一段话："寺有石三门、千佛殿、般舟殿、辟支塔。"由此可以推断，北宋时期鲁班洞可能还是灵岩寺的山门，不过其最上层的建筑则已经到了明末时期，这个时候山门和方室都已经被掩埋，就剩一个鲁班洞了。也正是在这之后，原本的山门由于不为人见，老百姓在猜测之下便谣传为鲁班墓或者朗公墓了。

灵岩寺珍存李邕书法真迹碑

鲁班洞的发掘填补了我国对拱券式门洞认知的空白，因为早期的拱券式建筑多用于墓葬或者佛塔，未在其他公共建筑体上有过发现，一直以来更为简单的过梁式门洞就是主流。所以鲁班洞的发掘说明了早在南北朝时期，我国的寺庙中就已经开始使用拱券式门洞了。除此以外，在鲁班洞洞内石壁上还嵌有唐代天宝元年（公元742年）书法家李邕写的《灵岩寺颂并序》残碑，以及大量唐宋时期的题记，对研究灵岩寺的历史变迁和山东佛教传播发展史有着重大价值。不过这块我们暂且放在一边，之后再细讲。正是由于鲁班洞发掘拥有如此多重大的贡献，所以这一考古活动被国家文物局评为1996年度全国十大考古新发现之一。

虽然证实了鲁班洞实为灵岩寺早期山门，但是由于其名传播已久，故仍旧被叫作"鲁班洞"。

二、太武灭佛

竺僧朗去世时，北方由鲜卑族拓跋氏所建立的北魏统治，南方则归属于东晋末年大将军刘裕所建立的宋朝——为了与后来赵匡胤所建立的宋朝相区分，故而被称为南朝宋。当时的山东正处于北魏和南朝宋边境区域，所以备受战争蹂躏，也正因此，百姓希望有心灵安慰和寄托，佛教在山东地区有了不可忽视的发展。然而公元438年，已深受佛教启蒙的齐鲁大地，遭遇了佛教东传历史上的第一个大灾难，这就是历史上著名的"北魏太武帝灭佛"事件。

南北朝时期是我国佛教的第一个黄金时期，特别是河北、河南、陕西、甘肃等北方地区，佛教进入了空前繁盛的阶段，远超南朝宋控制的南方地区。另一方面，某些大寺院出现与民争利、与官府争利的状态，严重威胁到社会安稳和统治阶层的利益。大量年轻人为了拒绝服兵役和缴纳赋税而加入寺院出家，导致朝廷军事和财政的急剧缩减；寺院拥有大量的资产和田地却免于租调，使得国家资产无形中流失。这对于北魏的第三位皇帝，于泰常八年（公元423年）登基的太武帝拓跋焘来说，是难以容忍的。

当时太武帝拓跋焘的宠臣崔浩出自北朝名门之后，此人不仅信奉道教，还会些观星预言一类的方术，在北魏朝政中深得北魏明元帝拓跋嗣的宠幸，拓跋焘登基之后，他又很快取得太武帝的信任。崔浩有个好友叫作寇谦，是当时赫赫有名的道士，自诩其天师之位乃太上老君授予，并为太武帝献上道书。崔浩也直接上书劝谏太武帝，介绍道教的种种好处。拓跋焘最终被说动，并派人携带供品到嵩山开坛祭神。接着太武帝又在北魏都城平城（今山西大同）建立天师道场，自封"太平真君"，成为一名实实在在的道教徒。

身为道教徒的拓跋焘自然见不得佛教在自己的国家越来越兴旺，于是他在消灭匈奴夏赫连氏、北燕冯氏等，几近一统整个黄河流域之后，于太延四年（公元438年）下达了一条命令——"罢沙门年五十以下"。也就是说，北魏境内五十岁以下的出家人必须还俗，该服兵役的服兵役，该纳赋税的纳赋税。到了太平真君五年（公元444年），太武帝拓跋焘又下了一条命令，上至王公贵族，下至平民百姓，一律不得私自供养沙门（出家人），并且在限定时间内要交出此前所藏匿以躲避政令的僧人，如有隐瞒，诛灭全门。

太平真君六年（公元445年），北地郡卢水胡一个叫作盖吴的农民在杏城（今陕西黄陵县西南）发动起义，自号"天台王"，率领部众十余万，声势浩大。盖吴起义之后，河东的薛永宗也率领大军迅速响应。不仅如此，盖吴还联络了当时的刘宋政权，使北魏内外受压。值此存亡之际，太武帝拓跋焘不得不亲自挂帅出征。公元446年，太武帝途经长安城，在一座寺院内发现了大量藏匿的兵器和金银珠宝，甚至还秘密囚禁着许多年轻妇女。拓跋焘怀疑寺院与盖吴串通谋反，顿时大怒："和尚不是修行做善事，不吃荤腥、不结婚吗？这里面怎么藏有这么多的兵器和女人？"随行的崔浩连忙附和说："佛门坑害百姓，建造大佛浪费国家财产，现在必须要毁掉佛庙寺院，规劝老百姓不要再信佛。"太武帝当场就下令屠杀全寺僧众。

正是在这种背景之下，太武帝拓跋焘下诏将长安城内沙门尽数屠戮，捣毁全国所有寺庙，佛经、佛像统统焚毁，驱赶所有沙门还俗，"天下不得再宣传佛法"。北朝佛教在太武帝太平真君年间遭到了灭顶之灾，《魏书》对此的描述是"土木宫塔，声教所及，莫不毕毁矣"，史称"太武法难"或"北魏太武帝灭佛"。

好在这样的时间并没有持续太久。首先是道教天师寇谦去世，接着崔浩失宠被当街腰斩。公元452年，太武帝拓跋焘因脾气暴躁、杀戮太多而被中常侍宗爱诛杀，终年45岁。拓跋焘死后，北魏大臣宗爱先是扶持南安王拓跋余继位，后又将其杀死想自立为帝。结果，尚书陆丽等人趁机拥立拓跋焘的孙子拓跋濬继位，是为文成帝。

文成帝拓跋濬的父亲是拓跋焘朝太子拓跋晃。拓跋晃自幼心善，笃信佛教，父亲拓跋焘发动太武帝灭佛的时候拓跋晃就偷偷保护了许多被迫害的僧侣。耳濡目染之下，拓跋濬不像他的祖父那么憎恨佛教，或者说为了政治目的可以做到如此残忍。他为人仁厚亲民，甚至亲自巡游天下，了解民间疾苦。兴安元年（公元452年），拓跋濬亲自下令复兴佛教，并修建了鼎鼎大名的云冈石窟，以表达自己对佛教的向往之情。自此被中断了足足14年的佛教在北朝各地逐渐恢复，人们纷纷再度建寺讲经，即《魏书》中说的"天下承风，朝不及夕，往时所毁图寺，仍还修矣。佛像经论，皆复得显"。跟随这股浪潮的众多僧人中，就包括一位叫作法定的高僧，人称法定禅师，他对于灵岩寺的贡献，可谓空前绝后。

三、第一祖师

根据李邕的《灵岩寺碑颂并序》残碑碑文，法定禅师为景城郡（河北沧州西）人。北魏正光初年，大约在公元520年7月到525年6月之间，法定禅师恰巧游历到灵岩山的一座小寺庙，并在此待了数年时间。然而，法定禅师觉得这么长时间居住下去，太过于麻烦主人，可正当其准备离开的时候，有两位居士在这里建立了僧坊，用来弘宣佛法。当时的人们皆以为这僧坊是山神所建，而法定觉得此处风景秀美，颇有佛缘，亦就此在灵岩山居住了下来。随后他开辟山场，大规模营建寺院，灵岩寺的香火也越来越旺盛，信徒们结伴而往，出现了灵岩寺建寺后的第一个黄金时期，香火甚至超过竺僧朗所建的朗公寺。

这里实际上还有一个几乎被遗忘的名字。根据清代马大相所编撰的《灵岩志》记载，当时法定禅师先在山的背面建造了一座寺庙叫作"静默"（唐朝更名神宝寺，位置为现小寺村南，仅存遗址）；又在山的向阳面建了一座寺庙，叫作"灵岩寺"（在今灵岩寺东北甘露泉旁）。《大唐齐州神宝寺之碣》上却刻着："粤有沙门讳明，不知何许人也，禅师德隆四辈，名优六通，僧徒具归，群生宗仰……明以正光元年，象运仲秋，于是振锡登临。思通鹫岭，徘徊引望……遂表请国主，驱策人神，立此伽蓝，以静默为号，自梁齐以来，不易题榜。"

这段记载主张：之前人们往往认为静默寺和灵岩寺俱为法定禅师所建，但是这里说得明明白白，是一个叫作明禅师的人建的。

从记载来看，明禅师先是诉说了灵岩山地理优越、环境优美、奇峰峻岭，是一块福地（想来这也是竺僧朗以及法定禅师选定灵岩山的原因），接着明禅师向当时北魏的皇帝请奏，在这里建立寺庙，可保国泰民安。所以很显然，明禅师建造静默寺的资金来源便是当时的统治者，以此类推，我们有理由相信法定禅师在灵岩山开山取材、修建大殿也是经过向皇帝报批，然后国库拨款的一个步骤。这里还有一件趣事，既然竺僧朗、明禅师、法定禅师都看中了灵岩山的福地属相，那自然也可能会有其他大德高僧发现这点，事实证明也确实如此。当时灵岩山上不仅有灵岩寺、静默寺，还有竺僧朗徒孙弟子释志湛创建的人头山衔草寺以及灵岩寺东五里地的华严寺。虽然现在其他寺庙早已荒废，甚至连遗址都未曾留下，但是这些都足以说明南北朝时期灵岩山一带佛学之鼎盛、信徒之广——这里俨然成了当时山东的佛教中心。

四、创寺传说

法定禅师重建灵岩寺之后，其地位日渐尊崇，同时当地也衍生出了一系列关于法定建寺的美丽神话。

传说，法定禅师刚刚进灵岩山山谷的时候，便决定在这里建寺立庙，于是青蛇出来为他引路，有老虎给他驮经书，还有白兔和双鹤帮他打杂工。一次在崎岖的山路上走着走着，走到了一处绝壁上，山前已经无路可走，法定就此面壁而坐，闭目诵经。七七四十九天之后，太阳神为法定的坚毅所感动，手持神弓一箭射穿了法定面前的石壁，顿时山顶之处一束强光射在法定脸庞上，继续

灵岩雪景

为法定指路。这便是如今灵岩寺八大奇景之一——明孔雪晴，而那支箭所射的石壁，叫作透明山，所穿透的洞，便是明孔洞。

这处景色为何叫作"明孔雪晴"呢？原来是等待泰山雪后，灵岩山银装素裹之时，从崇兴桥向南望去，这里山势陡峭，石牙参差，仿若仙境。再等雪过天晴，银盘高挂，再有一束烈阳透孔而过，瞬间令人感觉世间的一切犹如静止，只有这光是最亮最明之处，如皓月当空，明镜高悬。民间曾有诗《题灵岩八景·明孔雪晴》咏道："梵僧昔日憩岩间，灵迹千年尚可攀。雪霁扶节闲眺望，烟火咫尺见他山。"所说的便是这明孔雪景的奇妙之处。

除了明孔雪景以外，在灵岩寺中还有"五步三泉"之称的双鹤泉、白鹤泉、卓锡泉以及袈裟泉，皆与法定禅师建寺相关。

据说法定禅师历经千辛万苦来到灵岩山之后，发现山中风景秀丽、鸟兽成群，便决定在此建寺立庙以弘扬佛法。要适合人居住，水源是重中之重，于是法定禅师循着山脉披荆斩棘，四处寻找可供饮水的地方，可惜苦苦无果。正待其心灰意冷的时候，一位路过的樵夫对他说："大师如果想在这里建寺弘扬佛法，何愁没有水源呢？"说着，樵夫向东南方向一指，说："几里外有一对白鹤在那里，你循着叫声找去，自然就能找到你需要的了。"法定禅师闻言大喜，正准备感谢一番，却发现樵夫早就已经消失无踪……

法定果然找到了泉眼，而且是三个。人们分别为其取名为"双鹤泉、白鹤泉和卓锡泉"，又因三泉相邻不过五步，故取其景为"五步三泉"。

在清道光《长清县志》中还记载了另外一种说法，说是法定禅师建寺之时，苦于无水，便求其师佛图澄。佛图澄将其领到一处，以手指地："下有甘泉。"于是法定禅师用锡杖往佛图澄所指之地用力捣去，顿时甘泉如涌，这才有了名字"卓锡泉"或者"锡杖泉"。

找到水源之后，法定开始建造寺庙，山中林木茂盛，自然不缺木材。可这里路远崎岖，没有铁器给法定禅师做工具。相传，法定默念佛号，向天祈祷。不久之后，一块高五六尺、重数千斤的铁山从地底上涌了出来。又因此铁天然有水田纹，颇似袈裟上的田宫格纹路，再加上涌完铁后此处又形成了一处

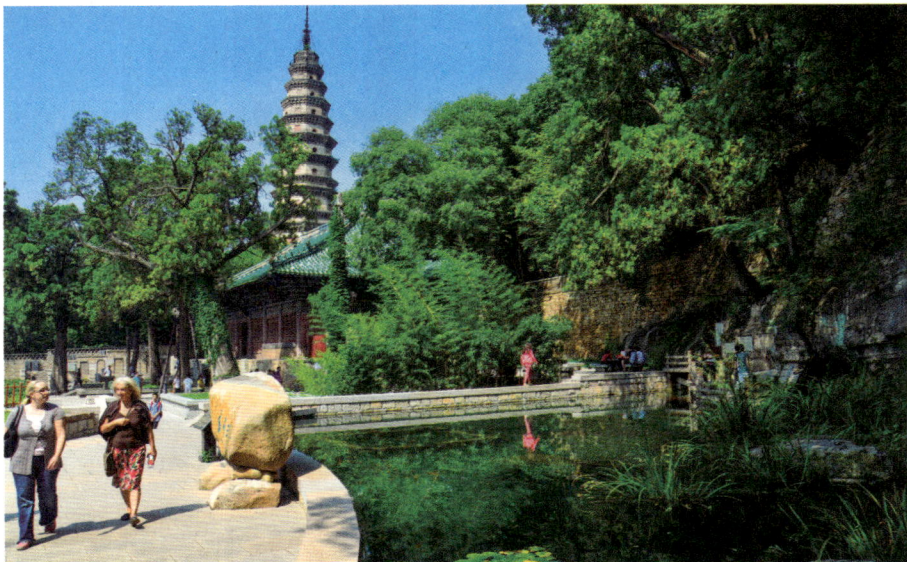

五步三泉景区

泉眼，该泉眼逐取名为"袈裟泉"。"世传定公建寺时，有铁自地涌出，高可五六尺，重可数千斤，天然水田纹，与袈裟无异，故名。"——这当然是一个美好的传说。

五、泉城济南

当然了，这些故事很显然都是为了烘托灵岩山之"灵"，不过为何灵岩寺周边有如此多的泉眼，且各个来历非凡，还真值得一说。

众所周知，济南自古以泉闻名。《春秋·桓公十八年》中就有"公会齐侯于泺"的记载，"公"是指鲁桓公，"齐侯"是指齐襄公，"泺"实际上就是大名鼎鼎的趵突泉的古称。也就是说，鲁桓公和齐襄公曾相约在趵突泉商讨一些事情。要知道两国国君相会地址可不是说随便想选哪儿就是哪儿的，不仅要环境优美、颇具名气，还得是个代表性的地方，以彰显对双方的尊重。也就是说，早在公元前694年，以趵突泉为首的济南名泉，就已经在中华大地上颇具名望了。宋代著名文学家曾巩就曾说："齐多甘泉，冠绝天下。"元代地理学家于钦也在其著作中对济南泉水颇多赞誉："济南山水甲齐鲁，泉甲天下。盖其他郡有泉一二数，此独以百计。"由于特殊的地貌结构，济南不仅泉水的质量高，而且泉眼还多。根据济南名泉研究会、济南市名泉保护管理办公室2003年公布的调查数据，济南辖区共有泉水733处，"甲天下"之名实至名归。

　　济南有如此得天独厚的自然景观，也引起了相关人士的关注，所以早在金代就有一块列数济南名泉的《名泉碑》，可惜原碑早已被历史所湮没，不知所踪。好在其碑文却被元代于钦的《齐乘》一书收录，并在"大明湖"条目中列举济南七十二眼名泉，并加注地理位置。到了明朝，诗人晏璧写了一组《七十二泉诗》，每泉一首，由此"济南七十二泉"名扬天下。

　　2004年济南名泉研究会、济南市名泉保护管理办公室等单位联合开展"济南新七十二泉"评审活动，最后经公众投票产生了济南人心中最为有名的七十二眼泉水，其中位于灵岩寺的袈裟泉、卓锡泉和檀抱泉因其浓厚的人文历史、千年不衰的泉清水秀，赫然在列。

　　其中，袈裟泉是灵岩寺诸泉中名声最大的，早前又叫作独孤泉、印泉，位于灵岩寺东南侧"转轮藏"庙遗址东侧路南悬崖之下。该泉泉源旺盛，水质清澈甘美，池周危岩峭壁，顶上灌木丛生，一直以来都是灵岩寺的主要饮用水源。袈裟泉得名是因为其边上有一块高2.05米、宽1.94米的巨石，石上有类似袈裟上的田宫格纹路，也被叫作"铁袈裟"。铁袈裟当然不可能真的是因为法定禅师念佛号从地底涌出的铁块截留产物，那它到底又是何方神物，到底是人为雕刻还是自然生成的玄妙纹路呢？

　　马大相的《灵岩志》有云："昔有隐者姓独孤，结茅泉侧，后人以姓命泉也。"说的是原来有个人姓独孤，在袈裟泉边结庐而居，于是袈裟泉当时就叫作独孤泉。在《济南府志》中，明朝万历年间的济南进士刘亮采，因不爱仕途爱山水，故而辞去官职隐居在灵岩寺，为了学习达摩祖师的面壁修行，他也在袈裟泉边结庐而居。然而由于孤谐音狐，刘亮采自然不高兴，遂把独孤泉改名为"印泉"，印即佛家中的印证功果之意。那为什么刘亮采讨厌狐呢？根据文

袈裟泉

献记载，刘亮采才华横溢，出口成章，却身形侏儒，可能是因为身有狐臭，或者被人形容为狐，才让刘亮采讨厌"狐"字吧。颇为有趣的是，清朝小说家蒲松龄在其志怪小说《聊斋志异》中，单列一篇《刘亮采》，其主人公便是使用刘亮采为蓝本的。

明末清初三大儒之一的顾炎武在其《山东考古录》中就说，济南地区自古产铁，不管是鼎鼎大名的济南府学文庙的铁牛，还是灵岩寺的铁袈裟，实际上都是汉代铁官冶铁时所遗留下来的产物。

顾炎武的说法是靠推理，而清代著名的金石考古学家黄易则进行了实地考察。他广泛收集灵岩寺相关材料，研究山东金石古迹一一对应，甚至还画了《铁袈裟》一图，并在图中题字："魏正光时，僧法定住灵岩。达摩殿后有铁物自地涌出，六尺许，如袈裟披摺之状。有分书'铁袈裟'三字，疑金元人笔。后移置崖下建亭焉，或云铸钟不成。"从这儿来看，虽然黄易辛苦考证，然而得出的结论居然还是地底涌铁，只能说时代限制了他的思维。

有一说一，我们既不能说顾炎武的推理没依据，也不能说黄易的考察不行，因为有关铁袈裟的来历，很多人都曾表示难以参透。如宋朝建中靖国年间的灵岩寺住持仁钦就赋诗说："我佛慈悲铁作衣，谁知方便示禅机。昔年庾岭家风在，直至如今识者稀。"明代孙瑜有诗和之："谁将宝铁铸僧衣，知是禅家寓妙机。千古遗来纹已没，至今人到识应稀。"清乾隆帝曾于公元1757年巡游灵岩寺，并把铁袈裟钦定为灵岩八景之一，还数次为其题诗合计8首之多，其中乾隆五十四年（公元1789年）的《题铁袈裟》便曰："铁否石乎半信疑，伽梨路畔是谁遗。朗公设想澄公问，一笑还成两不知。"

虽说大多数人咏铁袈裟都是借物问禅，另有深意，但也从侧面证明了铁袈裟的谜团深深困扰古人达千年之久，直到1995年《灵岩寺碑颂并序》的挖掘出土。其中有一段文字记载是："高宗临御之后，克永光堂，大悲之修，舍利之□，报身之造，禅祖之崇，山上灯□□切宇内，舍那之构，六身铁像，次者三躯大□金刚□增□，远而望也，云霞炳焕于丹霄；即而察之，日月照明□□道。此皆帝王之力，舍以国财……"

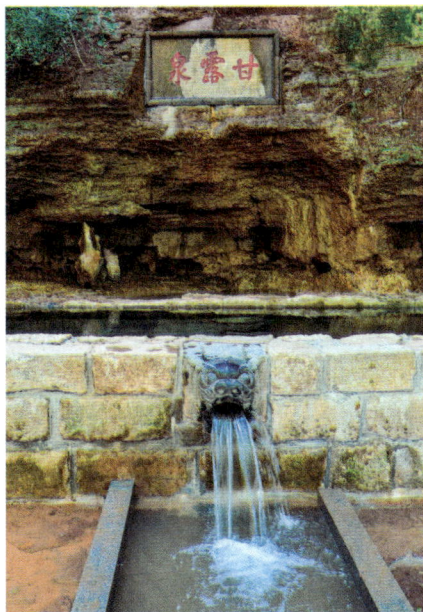

这段话主要记载了唐高宗李治登皇位之后，于麟德二年（公元665年）和皇后武则天到泰山封禅并驻跸灵岩寺一事。当时李治还在灵岩寺中斥巨资兴建了许多庙宇和佛像，其中就有铁铸的大金刚，远远看去，就像绚丽天空上的云霞一样好看。很显然，如今我们并没有看到这个铁铸大金刚，那么它到底去哪儿了？

没错，实际上铁袈裟就是这大金刚毁坏后所遗留下来的一块外衣。根据现代考古专家介绍，铁袈裟应该是一尊唐代铁力士像的下半部分战裙遗

甘露泉

留之物，这从其原料是一块唐代年份的人工铸铁中就可以看出来，再加上《灵岩寺碑颂并序》记载佐证，这一答案最接近真相。早在南北朝时期，我国佛像中就盛行建造力士像来作为佛教的护法，而山东一带唐朝风格的力士像更是在考古中频频发现，且不远处的历城神通寺唐代龙虎塔龛门外侧力士像的造型纹路就和铁袈裟极为相似，这也佐证了铁袈裟实际上就是唐高宗李治封禅泰山时所修建的大力金刚。根据铁袈裟目前2.05米的高度推算，那么如果该像完整未被毁，应该有6~7米之高，那可不就真的是"远而望也，云霞炳焕于丹宵"。想来这残留的铁袈裟所见证的，正是灵岩寺的鼎盛时期。

虽然灵岩寺其余的卓锡泉、檀抱泉，还有被誉为"灵岩第一泉"却未入选济南七十二泉的甘露泉没有袈裟泉这么多的故事，但它们亦有自己的特色。如卓锡泉水流最大，檀抱泉被一棵千年青檀树所绕，甘露泉最受文人墨客喜欢，也是灵岩寺僧众煮茶的取水地等，可以说灵岩寺的这些泉和寺是共生的，正所谓"寺因泉而灵，泉因寺而名"。

六、祖师塔

法定禅师的努力，灵岩寺香火日盛，名气愈显，信徒纷纷慕名而来，在这里诵经讲文，巍巍泰山山脉中响起了绵延不绝的佛音。由于法定禅师的特殊贡献，宋神宗熙宁三年（公元1070年），灵岩寺铸法定禅师铁像，并建有其专属的祭祀场所"定公堂"。在今灵岩寺般舟殿墙壁上，留有公元1115年所刻的《赵子名谢雨记碑》来阐述后世老百姓对法定禅师的信仰，"政和乙未，经春不雨，百姓咨嗟，思欲祷于法定圣像。"

而在灵岩寺的墓塔林中，亦有一座专门为法定所建造的祖师塔（又名法定塔）。祖师塔位于塔林

中央甬道的北端，为其余墓塔的中心。该塔为砖石结构的单层重檐亭阁式塔，底下是高大的石头基座，方形的塔身，上共有两檐方形结构，下面一檐出挑叠涩十五层，内收九层，顶上一檐为八层，再上置一六棱底座的塔刹。在塔的南面，开辟有一个拱式门，内置三佛像。根据专家介绍，该塔造型拥有印度佛塔半球形窣堵波加的痕迹和我国砖塔的建筑风格，是佛教东传之后本土化融合的显著特征，其建造年份为北魏晚期。所以祖师塔不仅是整个墓塔林的中心塔，也是建造年份最久的塔。

祖师塔还有一个有意思的地方。根据金人陈寿恺的《观音菩萨托相圣迹序》记载："然为我祖师发扬显圣迹之状，蔑闻其人，良可太息。乃命工敬画其像而刊诸石。……遐迩永同供养。"也就是说，当时人们不仅在石碑上画像，还让人专门雕刻了法定禅师的石像放在祖师塔中供后人瞻仰。但是根据1335年的《明德大师贞公塔铭》记载："塑观音两堂，以严千佛，般舟二殿，次改祖茔，更石像而改塑法定大祖师一龛及侍者二。"也就是说，是元代的人

雪中塔林

把金代人的石像换成了塑像，也就是我们现在所见祖师塔中的三佛像。

对于灵岩寺而言，竺僧朗和法定禅师，到底谁才是真正的第一祖师呢？

北魏太武帝灭佛时期灵岩寺归刘宋政权属地，那么它自然也就没有在此过程中被毁，也没有如马大相的《灵岩志》记载"元魏太武帝太平真君七年，诏诛天下沙门，毁佛寺，革昆仑山金舆之名，仍名曰方山"的事。等到法定禅师到达灵岩寺之后，这里毫无疑问仅有数间草舍，或有佛碑，之后开山扩场，兴建寺院自然都是法定禅师的功劳，所以称他为灵岩寺第一开山祖师，并不过分。当然，竺僧朗在灵岩山一带的传教，是之后法定创建灵岩寺的基础，所以这灵岩寺始创之名，也依旧归属竺僧朗。

墓塔林里的祖师塔

JINAN 济南故事

第三章

≋

福祸两相依

一、北齐盛景

自法定禅师于北魏正光元年（公元520年）重建灵岩寺以来，泰山周边逐渐成为整个山东地区的佛教中心，佛教信众纷至沓来，灵岩寺自然香火越发兴旺。

法定重建灵岩寺30年后，一件改朝换代大事的发生，不仅深刻影响了佛教在中国的发展历程，同时也让灵岩寺走入自建寺以来的第一个黄金期。

公元534年，由于北魏权臣高欢从中作梗，北魏被分裂为东魏和西魏。到了公元550年，高欢之子高洋逼迫东魏孝静帝禅位给自己，由此建立北齐，定都邺城（今河南安阳北至河北邯郸临漳西南）。因此，北齐继承了原东魏包括今河南汝南、江苏徐州以北、河南以东的全部土地。也就是说，当时山东全境都属于北齐国土。

北齐是公认的十六国时期佛教发展顶峰，自建立北齐的文宣帝高洋以来，之后北齐诸帝无不崇佛。皇帝带头崇佛，佛教已经等同北齐国教，各地兴建佛寺，僧尼人数几何倍暴涨。不仅如此，天保六年（公元555年），高洋颁布《废李老道法诏》，公开禁止北齐境内的各种道教活动和道教信仰，勒令道士们改信佛教，从道士转为僧人。自此北齐境内佛教为尊，从官方到民间，无不崇佛信佛。同时高洋还宣布"今以国储，分为三分，谓供国、自用以及三宝。"也就是说：国库的钱自此分为三分，一分是国家开支，一分是皇室开支，最后一分用作建造寺庙、崇佛活动的开支。齐文宣帝高洋之后另一个颇有作为的北齐皇帝是他弟弟齐武成帝高湛，高湛继位次年就斥国力修建大兴圣寺；到了幼主高恒在位期间，史载他为了修建大宝林寺，"穷极工巧，运石填泉，劳资亿计。"已经到了举全国之力的地步。

除了大肆建造寺庙，并扶持佛教以外，北齐皇室还不时到寺院小住，把寺院当作自己的行宫，并且在寺院议政，如此一来，佛教在北齐哪有不兴盛的道理。根据我国近代著名的北齐史研究专家韩国磐的统计，单单北齐高氏当政的27年时间里，北齐共立皇家寺院43所，普通寺庙4万所，约有僧尼合计300万人。要知道北齐巅峰人口不过2 200余万，也就是说，在北齐十个人里面约有两个人是出家人。

二、北齐遗址

可以说，佛教在北齐有了爆炸式的发展，特别是都城邺城一周的河南、河北地区，皇家寺院多集中在此。灵岩寺作为山东佛教的中心，在当时北齐东部诸佛寺中亦执牛耳，虽比不上京畿区域，却也不落下风。无奈的是，由于北齐之后灵岩寺在历史长河中多次兴废，关于北齐期间灵岩寺盛况的文字记载已不见于史料。但我们可以通过考古挖掘，来恢复当时灵岩寺的盛景。

在上一章中，我们曾提及被误认为是竺僧朗墓或鲁班墓的鲁班洞，实际上是灵岩寺早期的入寺山门。而在其最底层的拱券式门洞，是目前我国发现年代最早的拱券式门洞。山东博物馆研究员常兴表示其建筑年代不晚于北齐，拱券式的门洞其建造难度和工艺远胜于我们常见的过梁式门洞。同时，根据鲁班洞门口的一对石狮子样式推断，河北省文物局出境鉴定组研究员刘建华表示其年代上限最早可追溯至北齐时期。也就是说，现存的鲁班洞，很有可能就是灵岩寺在北齐巅峰时期所修建的入寺山门，拥有这样一个当时来说堪称豪华的山门，可想而知其背后寺院的繁华程度。

除此以外，根据1995年山东省文物考古研究所对灵岩寺遗址的考古发掘来看，在般舟殿中也发现了北齐的痕迹。般舟殿在今辟支塔的东边，千佛殿北面，始建于唐代，为当时灵岩寺主要建筑之一。宋代之后经历数次重修，拥有殿面阔五间，进深三间，殿内置三尊佛像，两侧及后面砌有罗汉，内有经幢，外有石塔的格局。般舟之名来自梵语"般若"，寓意智慧，于该殿进行崇佛活动能使人迷途知返，苦海回头，临登彼岸。可惜的是，般舟殿如今早被毁坏得只剩高大的台基遗址。宋代诗僧、宋徽宗靖国元年（公元1101年）的灵岩寺住持释仁钦在《灵岩十二景·其二·般舟殿》中有诗云："般舟古殿最先风，运载含灵不可穷。生死海中波浪险，莫教沉溺失前功。"想来释仁钦只是借般舟殿感慨北宋末年时局动荡，社会不安，徽宗朝不要失去当年太祖、太宗始建赵宋江山，一统中国之功。不想一语成谶，16年后，不仅北宋王朝遭遇了"靖康之耻"、南迁临安的悲剧，般舟殿也就此毁于一旦。直至明代才有僧众再在其上重修寺院，可惜也未能保存到现在。

般舟殿始建于唐代，因为从目前的挖掘来看，般舟殿共分三期建筑叠压，其最下面的一层，即第一层建筑遗址就是唐代石砌的须弥座式台基，南面为磨光石面，其余三面为磨砂糙面。同时还出土了唐代开元二十三年（公元735年）建造的密檐式龙虎纹饰石塔和二座唐代石质八棱经幢，其造型优美，雕饰精致，拥有鲜明的唐代佛教建筑特色，是不可多得的佛教精品文物。第二层则是宋代建筑遗址，叠压在第一层台基之上，四周用青砖砌之。最上面一层为明清建筑，地面布有硕大柱础，其中明间两座柱础细雕龙凤花纹，纹饰精细优美，保存完好，极具研究价值，在殿墙东、西、北三面埋有12根八棱石柱。

关于般舟殿的具体情况和历史故事，我们会在之后章节中详细描述，而目前所牵涉的就是其中一件北齐悬案。由于般舟殿建造年代清晰明确，所以当时被发掘出来的一座雕刻精美的佛头像和一座菩萨像也普遍被认为是唐宋时期的遗物，不过北京大学中国考古学研究中心的李裕群教授却并不这么看，在其著作《灵岩寺石刻造像考》一文中，他认为这两座佛头像和菩萨像其造型的总体特征和山东青州龙兴寺出土佛像石刻造像极其相似，例如佛头都是肉髻低平，右旋式螺发，单眼睑，面相丰满圆润，有唇纹线；而菩萨像的面相和服饰也和山东青州龙兴寺出土佛像石刻造像十分接近。所以他认为这两座佛像和青州龙兴寺佛像一样都属于青州造像系统，青州造像系统是非常典型的北齐后期雕像流行样式，由此可推断实际上灵岩寺的这两座佛头像和菩萨像亦为北齐晚期作品，它们也是灵岩寺目前发现年代最早的佛像文物。如果真是如此，那么般舟殿的原址上，很有可能还有一层因历史动荡如今已了无痕迹的北齐宫殿，或是灵岩寺其他宫殿佛像被埋此地也有可能。这已经足以说明北齐时期灵岩寺的香火之盛。

三、寺出高僧

北齐时期灵岩寺的高僧，以释法侃禅师最为出名。根据《续高僧传》《释氏疑年录》等相关文献记载，释法侃出生于北齐天保二年（公元551年）的河南郑州荥阳，本姓郑，年轻时就立志弘扬佛法，研习《大通方广经》。他听闻泰山灵岩寺上佛学昌盛，行徒清肃，屡屡呈现佛光祥瑞，于是"年未登冠，遂往从焉"。也就是说，在释法侃还不到二十岁的时候，灵岩寺就已经名扬天下，对远在河南荥阳的年轻僧人都产生了巨大吸引力，令其前往学习。学成之后，释法侃便四处讲经，他在南方以《十地经论》《地持》以及《摄论》的讲解闻名天下。公元581年，北周静帝禅让丞相杨坚，隋朝建立。隋朝一统南方之后，释法侃受隋文帝杨坚赏识，成为国师级的得道高僧。《续高僧传》载："隋朝盛德，行业乃殊，至于客服，可观引命征召，必以侃为言首。"由此可见，释法侃在隋朝众高僧中，德高望重，地位超然。

隋亡唐继，释法侃依旧受李唐皇室的尊重，时载"大唐受禅，情存护法，置十大德，用清朝寄。时大集僧众，标名序位，侃仪止肃然，挺超莫拟，既德充僧望，遂之斯任"。所谓大德，就是对当世得道高僧或者译经大德的称呼，而十大德更是受当时李唐

北魏"大代"款铜鎏金释迦牟尼佛坐像

皇室敕封，位于整个时代金字塔顶的高僧，不论是对佛法的理解，还是受世人的尊重程度、影响力，都是当世翘楚。在这种级别的标名排序中，释法侃还可以力压其他高僧，可见其实力。释法侃师出灵岩寺，一方面说明了灵岩寺在北齐时的影响力，另一方面也说明了灵岩寺佛学之高深。

师出灵岩寺的释法侃受两朝皇室赏识厚待，鲜有人能达到他的高度，但北齐时期还有一位在灵岩寺清修数十年的高僧值得去讲一讲，这便是释慧晓禅师。根据《续高僧传》和《弘赞法华传》的记载，慧晓高僧俗姓傅，精于禅学，受当时北齐君主所赏识，文才等仅次于北齐另一位高僧释慧命。后来，释慧晓游历到泰山，见灵岩寺山清水秀，佛缘甚深，于是便在此隐居，这一住就是数十年时间。世传释慧晓精于《法华经》，每次到灵岩寺东林诵经之时，都要事先净面清洁，焚香礼佛，以示验证。不过和出世入尘的释法侃相比起来，释慧晓明显更喜欢山野清净、不惹尘世的修行法门。据说，他在灵岩寺时曾帮助乡民，却在事成后潜遁而去，人们追至灵岩寺相见，释慧晓却无论如何也不愿出来。后来，释慧晓寻访名山大川，一时流于人间，一时又完全消失，最后

大雄宝殿

也没人知道他到底去了什么地方，可谓是北齐有名的隐士高僧。

释法侃和释慧晓，一个入世，一个出世，代表了两种截然不同的修行方式，同时也代表了两种完全不同的人生轨迹：一个在少年时就被灵岩寺盛名所吸引，另一个在游历名山大川后被灵岩寺所吸引，一方面说明了灵岩寺的海纳百川，不拘于形，另一方面也反映了灵岩寺在当时实力超群，盛名天下。

四、周武再劫

北齐皇室崇佛，虽然促进了佛教在我国的发展，但同时亦把北齐财政拖入了泥坑。早在高洋还在位的时候，北齐就因为崇佛活动所耗国库财力过大，出现了"缁衣之众，参半于平俗；黄服之徒，数过于正户。所以国给为此不足，王用因之取乏"的情况。僧徒们不事生产，却占有大量国家财富，连皇室自己的用度都出现了困难。而高恒为了建寺，更是"人牛死者，不可胜纪"，完全背离了佛教悲天悯人、节约清修的初衷，这样的王朝又如何长久？

果不其然，公元575年北周第三位皇帝宇文邕发动了对北齐的吞并战争，并在公元576年攻破北齐都城邺城，随后于次年一月抓获太上皇高纬、幼主高恒以及广宁王高孝珩等北齐皇室，正式宣告了北齐灭亡。原本隶属北齐领土范围内的土地，当然就成为北周国土，山东地区也无例外。盛极必衰，北周时期出现了历史上三武灭佛之一的"北周武帝灭佛"事件。

北周武帝灭佛和北魏武帝灭佛的动机几近相同。经过北魏后期的发展，佛教在中国上升到一个全新的阶段，寺院不仅垄断了全国大量的土地和财富，而且还常常滋事。延兴三年（公元473年）沙门慧举兵造反；太和五年（公元481年）沙门法秀于京都平城起事，更是有不少官僚贵族参加；太和十四年（公元490年）沙门司马惠御以圣王自称，带僧兵攻克平原郡；延昌三年（公元514年），沙门刘僧绍自称净居国明法王，起兵幽州。影响最大的还是大乘教起义，又称法庆起义。延昌四年（公元515年）六月，冀州沙门法庆和惠晖在武邑郡阜城起义，僧兵来势汹涌，不久便发展到五万之众，一度控制冀州和瀛洲的武邑、渤海、长乐、武垣四郡，于熙平二年（公元517年）终被当时的北魏镇压。

等到北周武帝宇文邕上位之后，为了杜绝沙门起义事件的再发生，先后七次召集群臣及释、道、儒三家大德进行讨论三教的优劣，并定下"儒为先，道次之，佛最后"的排位，为之后灭佛造势。天和三年（公元568年），宇文邕更是亲自到大德殿，召集文武百官和三教名流，亲讲《礼记》，表明北周要以儒术治天下。由此可见，或许在宇文邕登基之前，其内心就早已定下了灭佛的计划，对当时的统治者来说，哪怕没宇文邕，也会有其他宇文皇族开启灭佛事件。

那在这劫难中的灵岩寺又怎么样了呢？北魏武帝灭佛时，灵岩寺并不在北魏境内，所以并未受损，而当时作为北周东部佛教中心的灵岩寺却处于风口浪尖之上，自然免不了毁像灭寺之灾。般舟殿所发现的那两座佛头和菩萨头，极有可能是这场灾难中遗存下来的。寺院被毁，僧侣为了避难也纷纷出

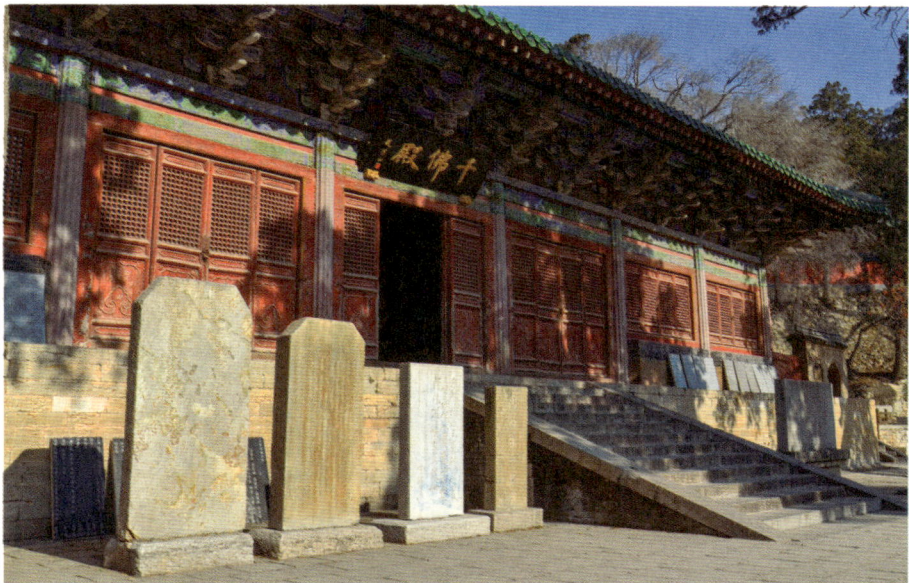

千佛殿前

走齐鲁之地，山东地区的名僧如青州释明舜、曹州释法楷、兖州释宝安等。而公元570年左右前往灵岩寺学习的法侃，亦由于此难南下，即"属齐历不绪，周湮法教，南渡江阴，栖迟事业"。也就是说，北周武帝灭佛事件对于灵岩寺来说，是真正的毁灭性打击。

虽然北周武帝灭佛事件对北方佛教来说是几近毁灭性的灾难，但是好在其持续时间并不久。周武帝本人在一统北方后的第二年（公元578年）六月病逝于北伐突厥途中，之后北周并未再加大灭佛的力度。等到公元581年，杨坚受禅代周称帝，则宣告了这个仅有24年国祚的王朝彻底灭亡。隋朝开国，中华大地上再次刮起了一阵崇佛之风，佛教不仅涅槃重生，更是大盛前朝，同时也越来越本土化，融入中华文化之中，为更多普通人所接受。而我们的灵岩寺，也将于灰烬之中重立寺庙，走向巅峰。

JINAN 济南故事

第四章

≈

宝塔证繁华

一、隋兴佛教

隋朝建立之初，隋文帝杨坚就对大臣们坦言："朕于佛教，敬信慎重。往者周武之时毁坏佛法，发心立愿，必许护持。"并于开皇元年（公元581年）下令天下广修经书。史载，民间佛经一时多于儒家六经数十百倍，不出数年就扭转了北周灭佛时所留下的佛经稀缺局面。除了杨坚本人以外，开皇三年独孤皇后在长兴城营建普耀寺；太子杨勇曾号召高僧大德会于长安，和宰相高颎一起笃信佛教中的三阶教；二子杨广亲书《宝台经藏愿文》，下令士兵收集佛经；三子杨俊曾在开皇三年请求出家为沙门；四子杨秀爱造佛寺；五子杨谅被称灵童转世，礼佛，供大德，事事不缺。皇室上下崇佛如此，更别说群臣以及老百姓了，各地寺院香火鼎盛，梵音不断。

到了开皇九年（公元589年），杨坚更是在清禅寺立舍利塔并受戒，当时塔内铭文上书："深刻谓阿育王普妙塔者哉，十月十一日雍城大兴县老界化盘内建立十级浮屠。"也就是说，杨坚正式向天下宣布自己是"阿育王"转世，他要学"阿育王建八万四千塔"之事，在隋朝境内广修佛塔，以结善缘。

公元589年2月，在统帅杨广的带领下，隋朝大军终于踏平了南朝陈的领土，一统中国。然而，南北朝毕竟已经脱离300年之久，开皇十一年（公元591年）十一月，一场场声势浩大的反隋叛乱在江南全境爆发，"婺州人汪文进、会稽人高智慧、苏州人沈玄侩皆兵反，自称天子，署置百官。乐安蔡道人、饶州吴代华……交趾李春等皆自称大都督，攻陷州县……"

形势如此严峻，杨坚不得不再次任命杨广为扬州总管，"江南诸州，事无大小，皆由其决判"。而杨广在平叛之后意识到强硬的镇压并不能解决问题，江南地区由于不像北方历经两次灭佛运动，佛教在这里早已根深蒂固，拥有庞大的社会基础，那为何不利用佛教来同化江南百姓呢？于是，杨广在就任扬州之后推行多项崇佛政策，极力招揽南方高僧，并下令在浙江台州亲建天台宗祖庭天台寺（现国清寺）。开皇十一年（公元591年）杨广受菩萨戒，尊南方佛派天台宗开派祖师智顗大师为师，并派心腹幕僚柳顾言为天台寺建碑撰文。杨广选择天台宗的原因也非常简单，就是因为天台宗教义为《金光明经》，其意"正法国王依佛法治国，正法永存，统治永存，佛法不灭"，这和杨广的目的不谋而合。

有隋文帝和隋炀帝两代帝王的青睐，佛教经历隋朝一代，可谓远胜南北朝时期，根据统计，仅杨坚在位期间全国就一共造寺三千七百九十二所，写经四十六藏，一十三万二千八十六卷，为历代帝王之最，可想而知佛教在隋朝的兴盛程度。而在这个背景之下的灵岩寺，其发展亦可谓脱胎换骨，为其后于唐朝被誉为"海内四大名刹"奠定了基础。

二、帝王驻跸

说来也巧，北魏正光五年（公元524年）六镇起义时，一位叫作杨忠的少年流落山东济南，并和当地一位叫作吕苦桃的少女喜结良缘，而他们的孩子正是后来的隋文帝杨坚，也就是说济南乃杨坚生母故乡，所以其登基之后扶持济南就顺理成章了。杨坚不仅追封外祖父吕双周为齐郡公，还让舅舅吕道贵担任了济南太守，除此之外，更是在济南大兴佛寺，以此来纪念生母。据《隋书·高祖本纪》的记载，吕苦桃在大统七年（公元541年）六月癸丑夜于冯翊般若寺生下杨坚时，杨坚紫气充庭，头上长角，遍体鳞片，额头五柱入顶，目光外射。我们不管这个故事的真实性如何，是否为了附会中国帝王相术为之后杨坚称自己是阿育王转世做铺垫，总之济南佛教因此得福，开始在皇室扶持下以惊人的速度发展起来。

例如开皇三年（公元583年），隋文帝杨坚下令重修竺僧朗在柳埠所建的名刹朗公寺，用做自己母亲吕苦桃的香火院，又因"文帝以通徵屡感故"，把朗公寺"改曰神通也"，并延续至今。见父亲对济南佛教如此上心，已有夺嫡之心的杨广在平陈之后，立马就派遣自己的心腹幕僚诸葛颖前往灵岩寺礼佛，并对其进行大修。诸葛颖所留下的作品《奉和方山灵岩寺应教》有云："名山镇江海，梵宇驾风烟。画栱临松盖，銮牖对峰莲。雷出阶基下，云归梁栋前。

灵光辨昼夜，轻衣数劫年。"一方面表达了灵岩寺的人杰地灵、环境优美，同时也以皇子杨广"特使"的身份，开始扶持灵岩寺在周武灭佛后的重建，这对灵岩寺在隋朝的发展可谓至关重要。

有了杨广的开头，开皇十四年（公元594年）隋文帝在祭奠泰山之后，随即敕封杨广的长子、河南王杨昭为泰岳神通道场檀越；杨广次子齐王杨暕为神宝檀越；华阳王杨楷（杨坚四子杨秀之子）为宝山檀越。泰岳神通道场说的就是神通寺，也就是原先的朗公寺；神宝就是原先的静默寺；而宝山正是灵岩寺，或许是由于当时灵岩寺北面的一座山被称为宝山，加上隋朝又把佛寺改为道场，所以灵岩寺在隋朝又被称为宝山灵岩道场，简称为宝山。在杨坚的敕文中，檀越是梵文用语，即指"施主"，含义为施与僧众衣食，或出资举行法会等活动的信徒，所以又叫作檀越施主、檀主等。

杨坚把自己三个孙子分别敕封为神通寺、神宝寺和灵岩寺的檀越，同时也在用皇家的财力来支持这三个寺院之后的各种崇佛活动。这在济南佛教发展史上是史无前例的，对灵岩寺来说是百年难得的机遇。到了开皇十五年（公元595年）正月，隋文帝先是东巡齐州，参拜泰山，然后于初三访问灵岩山，先后在灵岩寺以及神宝寺驻跸。隋文帝杨坚是第一位君临灵岩寺的帝王，说明了当时灵岩寺已经达到了相当的规模和繁华程度。

由于隋文帝崇佛，杨广为了讨好父亲也进行了诸多的崇佛活动，包括兴建天台寺以及派访灵岩寺等。但是杨广的崇佛有相当部分原因只是为了当初和太子杨勇争夺帝位时取悦杨坚，到大业三年（公元607年）杨广就开始对佛教发展进行限制，他先是下令沙门致敬王者，到了大业五年（公元609年）又下令无德僧尼还俗，寺院也必须按僧尼数量重新整理，但凡规模过大人数不匹配的一律拆毁，造成了全国上下出现大量因僧废寺的情况。不过灵岩寺作为济南佛寺中的翘楚，却并没有受此影响，封赏也更为丰厚。大业七年（公元611年）隋炀帝杨广赴济南祭拜祖坟，在历城修建四门塔，随即拜访灵岩寺，并写下《诣方山灵岩寺诗》一首："梵宫既隐隐，灵岫亦沉沉。平郊送晚日，高峰落远阴。回幡飞曙岭，疏钟响昼林。蝉鸣秋气近，泉吐石溪深。抗迹禅枝地，发

"灵岩胜境"坊

念菩提心。"

由于历史文献缺乏，所以我们无法确定具体情况到底如何，但是终隋一代，济南地区因作为隋朝皇室的祖地而受益，佛教发展不仅得到了恢复，而且比北齐时期更上一层楼。灵岩寺受杨坚、杨广两代帝王的青睐，为其在唐朝的时候进入巅峰之态打下了基础。

三、高僧云集

《续高僧传》又名《唐高僧传》，是唐代僧人释道宣所撰写的一本僧侣传记，记录了从梁代初年到唐贞观十九年（公元645年）为止的大德高僧，正传共有三百三十一人，附见一百六十人，而终隋一朝，灵岩寺共有三人入书。

首先是隋朝初年的灵岩寺持律释慧萧，这里要注意的是持律并不是住持，

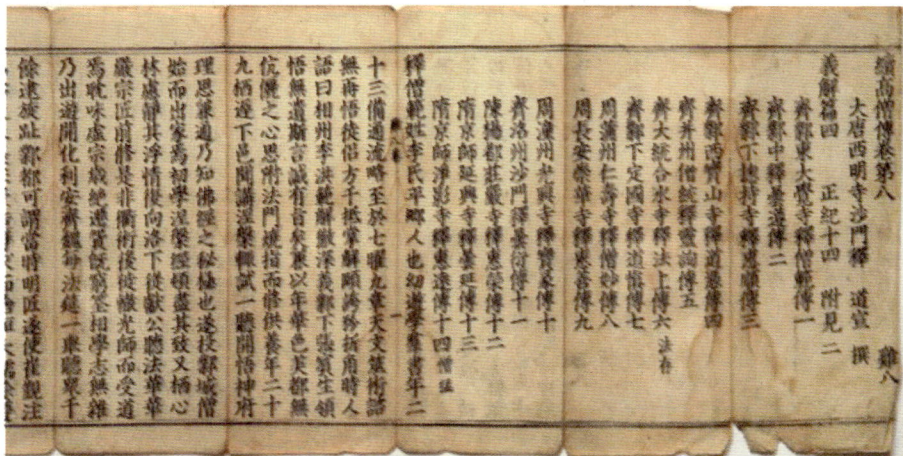

释道宣《续高僧传》

住持是职位，而持律则更类似尊称，是持戒的意思。《续高僧传》对此记载：
"释慧萧，俗姓刘，本彭城人……十八为书生，聪悟敏达，善说诗礼，州郡以明经举之。非其所好，遂入崇高山求师出家………开皇初游学邺城，博综经律，乃贯练众部，偏宗《四分》。闻泰山灵岩寺幽栖洁行之宅也，乃往从焉……以贞观十四年终于仁寿。"释慧萧出生于公元568年，其入灵岩寺之前已经"博综经律，贯练众部"，属于当世高僧，最后还是选择入灵岩寺继续修行。从这里来看，早在隋朝初的时候灵岩寺就已经从北周灭佛中恢复了大半，再加上其在山东地区的盛名，对释慧萧这种高僧来说，亦有着非常大的吸引力。

释慧萧原本是一书生，而且州郡还想举其入仕当官，可谓前途无量，这却不是他的人生志向。隋朝时期佛学昌盛，不羡慕出将入相而清修出家的人，远不止释慧萧一个人，例如灵岩寺的另一位高僧——释慧斌。释慧斌姓和，兖州人，家中排行老二，年轻的时候就"博览经义，偏晓字源"，十九岁成为州助教，少年成才。然而他却"情厌烦梗"而"怀慕出世"，遂于二十三岁的时候决定出家。据说释慧斌听经讲座，入山静修，乃"往泰山灵岩诸寺"。

释慧斌应该是隋朝年间灵岩寺修行出来名气最大的高僧，世人对他的评价是"名望盛德，声称弥隆，清厉之僧"。到了唐朝，释慧斌更是被李世民下诏征为京师弘福寺的住持。弘福寺是李世民追荐太穆皇后所建的寺院，而玄奘自西域归来，所携回的佛舍利、佛像、大小乘经律论等皆置此寺。《菩萨藏经》《佛地经》《六门陀罗尼经》《显扬圣教论》等书亦皆在此寺译出，众所周知的《大唐西域记》也是出自此寺，一度风头无两。这么重要的一所寺院住持却是师出灵岩寺，无形之中提高了灵岩寺的声望。贞观十九年（公元645年），释慧斌圆寂于弘福寺。

《续高僧传》中还载有一位灵岩寺高僧叫作释道辩，他本身就是齐地人，在灵岩寺修行，平时以到处游历为主，对经史和数术都有研究。无奈的是隋朝末年各地兴起农民起义，大业七年（公元611年）山东章丘也爆发了由王薄领导的长白山（山东章丘）起义，山东各地农民纷纷响应，灵岩寺亦受之影响，释道辩为躲避战乱，不得不前往南方的襄阳。

四、积翠证盟殿

站在灵岩寺朝阳面方山之巅南坡半腰望去，会看到在其石壁上有一个依山凿开、平面呈椭圆形的石窟，石窟外面修有一方殿，远远望去在其边上有"灵岩观音道场"六个红色大字，《灵岩志》注："在证盟龛贴西，政和中，张励题。"走近之后，可见龛殿楣上题有"积翠证盟"四个字，这便是鼎鼎大名的"积翠证盟殿"，又称"证盟功德龛""证盟殿"，俗称"红门"。

该窟面宽5米，进深4米，高5.14米。入殿内，设佛坛，正中雕有左右足交叠盘坐的一尊释迦牟尼佛像；该像高约5米，体态丰盈，庄重威严，手掌前伸结佛印，是典型的北朝以来佛像造型。释迦牟尼佛像左右两侧分别雕有一尊弟子像，一尊菩萨像，以及一尊力士像和一尊狮子像，合计九尊雕像（两尊力士像现已遗失）。两弟子即大名鼎鼎的佛陀十大弟子中的迦叶和阿难，作恭敬状；两尊菩萨像，一尊为观音，一尊则是地藏，均袒胸佩璎珞，脚踩莲花，双手合十。双狮左右蹲坐在佛坛前，风格古朴，目有异彩。

积翠证盟殿本名是证明功德龛，亦名功德顶，由于凿于方山，所以又叫作方山证明龛。龛内除去雕像以外，最具价值的就是里面有多处唐宋年间的题字，根据其中题于唐大中八年（公元854年）乡贡士牟玙撰写的《方山证明龛功德记》说明，这龛内石像从弥勒佛并侍卫菩萨至神兽等，一共有九尊。据说是唐朝初年有一连十岁都不到，名叫作善子的童子，从相州和魏州（今河北一带）交界的地方到灵岩寺修苦行来追求无上的正直之理，他自方山山顶而下，一半都还不到的时候就看到西方有五云，天空响起梵音，风起清爽，灵岩寺的僧俗人士纷纷睁大眼睛、竖起耳朵瞻听这一奇迹。因此，他们便在这里凿出了一个石龛，并在里面立像雕刻，以"证明功德"之意而命名"证明功德龛"。宋徽宗年间的灵岩寺住持释仁钦写《灵岩十二景诗》，其中一景便是"证盟殿"，诗曰："万丈岩前做证明，十方檀信等空平。一针一草无遗漏，百劫千生果自成。"

《方山证明龛功德记》的下段则论及灵岩寺其后的一些历史状况。从上半

灵岩寺的檀树

部分，我们知道了为什么这龛叫作"证明功德龛"，也知道灵岩寺为何要在这方山绝壁上开凿难度如此之大的一个佛龛，《灵岩志》对此的记载是："证盟功德龛，内有释迦佛大石像，乃唐人所造者，亦名功德顶。"佐证了《方山证明龛功德记》的说法。到了明嘉靖三十八年（公元1559年）的时候，人们又在石龛外修了一方形室，由于该方室外墙漆红，于是又有了"红门"的别称。同时证明功德龛，因方室而称殿，又有了"证明功德殿"的说法。而殿上方的陡崖因夏天多雨，时常会出现苔藓满壁的景象，便有了"积翠岩"的美名。等到苔藓蔓延，包围整个红色的证明功德殿，远远望去犹如绿色绝壁中一点嫣红，可谓壮观，时人有诗赞曰："灵山削出玉芙蓉，绝胜江南天印峰。"此处遂为灵岩寺绝景之一，明与盟谐音混用，世人方才唤之"积翠证盟殿"，延续至今。

五、辟支塔

灵岩寺作为千年古刹，有数不尽的人文故事，也有鬼斧神工令人惊叹的建筑。若问灵岩寺最具代表性的建筑是哪个？那毫无疑问便是远在灵岩寺山门之外就可看到的高耸入云的辟支塔了。

辟支塔位于千佛殿西北处，不仅是灵岩寺的标志性建筑，同时也是泰山之阴最为高大的砖塔，还是泰山古建筑群中和四门塔齐名的两座名塔之一。该塔高55.7米，底固长48米，为一座八角九层十二檐的密檐楼阁式砖塔。从下往上看，其塔基为石砌，从一至三重（塔说重，不用层），为重檐式结构，到了四重往上至顶，又是单檐结构，这种结构的塔在全国可算独一无二，唯此一例。塔檐与塔径自下而上递减，使得塔身线条和谐，颇具美感，内开有门窗。转回塔内，里面有砖砌阶梯绕塔心柱可盘旋而上，内辟券洞，但是到了五重往上便是实体，若想继续登塔，只能从外入内。到了塔外，只见塔顶的塔刹部分，从上而下分别是覆钵露盘、相轮、宝盖、圆光、仰月和宝珠，由宝盖下八角垂下八根铁链，分别接于第九重檐角的八尊铁金刚，在塔内延伸至地下，一方面是起避雷作用，另一方面这也是我国宋代塔最典型的风格，例如成塔于宋至和三

灵岩寺辟支塔

年（公元1056年）的应县木塔，其塔刹部分和辟支塔就一模一样。——现在的辟支塔是宋朝重修而成的。

既然现在的辟支塔是宋朝重修的，那最早的辟支塔建于何时呢？《灵岩志》对其记载是："辟支塔，唐天宝中建。"也就是说，马大相认为辟支塔始建于公元750年前后，即唐玄宗李隆基在位期间。然而，李邕的《灵岩寺颂并序》却提出了另一个时间，其言"矧乎辟支佛牙，灰骨起塔……昔者州将厚具，邑史孔威，广□支供，多借器物……解脱禅师以杖扣力士胫曰：'令尔守护□□而送之。'仍施绢五十匹。"这段话大意说的是官员捐赠物资修建辟支塔的事，具体时间虽然未知，但肯定不会是天宝年间，而根据碑文之后描述高宗时事，辟支塔修建极有可能早于唐朝，或者贯穿隋唐。

1995年山东省文物局对灵岩寺遗址进行考古挖掘的时候，他们从早年埋没的辟支塔塔基上，意外发现了塔基的八个立面平均分布着40幅浮雕，现残存可辨37幅，每个折角处有一铠甲力士做托顶状，雕刻细腻，精美绝伦。其中颇为令人意外的是，这些浮雕所刻画的内容，是国内极为少见的阿育王生平。国内

辟支塔东立面下方石刻

信仰佛陀的多，信仰阿育王却极其少见，阿育王信仰在国内的巅峰时期，正是隋初隋文帝在位期间。本章开头我们曾提及，杨坚之所以扶持佛教以至于隋朝佛教大兴，最主要的原因是为了利用佛教来洗刷自己逼迫北周静帝禅位的“得位不正”恶名，为此他甚至向天下宣传自己是“阿育王转世”，并学习阿育王建四万八千塔的壮举，大兴寺院和佛塔。总之，辟支塔基八面的阿育王浮雕，连同辟支佛信仰和李邕的记载，使得辟支塔始建年份为隋朝的结论更为有力。当然，这一切也仅仅只是推断，因为现在所见的辟支塔为宋朝重修，我们已然无法得知灵岩寺宋朝僧人在重修辟支塔的时候是否依照了隋朝样式，还是完完全全的重建。这些至今无人解开的谜题，也增加了辟支塔的神秘感。

作为灵岩寺的标志性建筑，辟支塔和峭壁、幽谷、绿林、寺院构于同一画面下，亦是一幅远见便令人心生宁静的美景。宋代文学家曾巩在其《灵岩寺兼简重元长老二刘居士》一诗中赞曰：“法定禅房临峭谷，辟支灵塔冠层峦。”在诸多咏塔名诗中，则以明代王重儒的最为著名，诗曰：“宝塔巍峨震地灵，摩云剑阁映高屏，应经炼石女娲手，玉柱擎天碧海青。”将辟支塔高耸入云、

阿育王驾战车拜谒那伽（桑吉遗迹壁画）

威严雄壮，灵岩寺人杰地灵、名刹风范表露无遗。

辟支塔和积翠证盟殿不仅是灵岩寺不可多得的美景与历史建筑，也是有隋一代灵岩寺发展的见证。

JINAN 济南故事

第五章

≈

海内存名刹

一、慧崇迁寺

唐朝是中国在封建时期的一个巅峰，也是灵岩寺在中国封建时代的发展巅峰。在这期间，灵岩寺备受李唐皇室扶持，大兴土木，寺院庙宇平地而起，名僧辈出，文人墨客无不题诗咏诵，登门拜访，灵岩寺一度成为北方佛教禅宗的中心，不论是知名程度还是寺院繁华，都可谓当世一流。因此，唐朝元和年名相李吉甫在其《十道图》中，把灵岩山灵岩寺和浙江天台山国清寺、江苏南京栖霞寺以及湖北江陵玉泉寺并誉"域内四大名刹"，灵岩寺更是"四绝之首"。当时是齐鲁佛教发展的鼎盛时期。

不过，灵岩寺在唐朝时期的发展并不是一帆风顺。当时灵岩寺兴隆与否，依旧受到政治的巨大影响。众所周知，因为唐高祖李渊和道教始祖李耳同为李氏的原因，所以终唐一代道教一直位列三教之首，受皇家扶持最多，为此李世民曾公开解释："彼道士者，止是师习先宗，故列在前。今李家据国，李老在前；若释家治化，则释门居上。"到了唐高宗年间，李治更是把道教始祖李

灵岩寺正门

耳封为玄元皇帝，道教地位进一步提高。值得欣慰的是，虽说李唐皇帝尊道为先，却并没有因道抑佛。

唐贞观年间（公元627~649年），灵岩寺因隋末山东地区农民起义的破坏，原先的寺庙建筑已经荒废严重，为此住寺高僧慧崇法师在现灵岩寺地址上重新开辟道场，兴建寺院。当时并没有得到皇家支持，所需经费和人力皆由灵岩寺众僧自筹，迁寺的辛苦程度可想而知。慧崇法师既然知道迁寺难度如此之大，要耗费寺院大量的财力物力，为何还要兴师动众地迁寺呢？《灵岩志》对此的解释有两点，一是原来的寺庙在甘露泉正西面，那里虽然环境优美，但是地形闭塞，既不利于发展，亦受水源限制严重，即"其形胜较今寺尤佳"；其二是唐贞观初年，三藏和尚陈玄奘自西天拜佛取经回来，于灵岩寺译经，因规模浩大，人员众多，"故慧崇长老改迁今寺"。为了论证三藏和尚在灵岩寺译经的真实性，《灵岩志》中说："陈玄奘，三藏和尚。贞观初，降锡灵岩，译诸经典。今之御书阁及摩顶松，遗迹俱在也。"

陈玄奘大家都很熟悉，就是《西游记》中唐僧的原型，我们习惯称之为唐玄奘。他曾于公元629年经凉州出玉门关西行前往天竺取经，之后于贞观十九年（公元645年）正月二十四日满载佛经返回长安。唐玄奘回京之后，首要的事情便是快速展开译经活动，把浩如烟海的梵文经书翻译成汉文，然后广播天下。为此，李世民召集各地名僧大德20余人齐聚长安弘福寺，协助他一同译经。贞观二十二年（公元648年）十月，大慈恩寺建成，译经工作就从弘福寺转移到了大慈恩寺的翻经院。永徽三年（公元652年），唐高宗李治于大慈恩寺旁修大雁塔，唐玄奘的译经工作又转到了大雁塔。之后又因变故，唐玄奘先后居于积翠宫、玉华宫等地译经，直到麟德元年（公元664年）二月五日圆寂，唐玄奘都未出过长安城。既然如此，那么陈玄奘曾于灵岩寺译经的谣言，便是不攻自破了。

虽说唐玄奘和灵岩寺没有直接渊源，但是灵岩寺却有三位禅师曾参与过唐玄奘的译经活动，分别是慧斌禅师、道因禅师和灵润禅师。慧斌禅师年轻时曾在灵岩寺清修，后于晚年被李世民征召为长安弘福寺住持，而弘福寺正是唐玄奘回长安后的第一个译经场所。既然如此，作为弘福寺住持的慧斌禅师自然要为唐玄奘的译经活动提供各种方便和协助，可惜在贞观十九年（公元645年）十月六日慧斌禅师便圆寂了，两位高僧终究没有进一步的合作故事。

　　道因禅师，姓侯氏，法号释道因，年仅七岁便于灵岩寺出家为僧，《宋高僧传》记载："出家之志，人莫我移，便诣灵岩寺求师诵习。曾不浃旬，通涅槃经二帙，举众惊骇，谓之神童。落发以来，砥砺其行，揣摩义章，即讲涅槃，宿齿名流咸所叹服。"也就是说，道因禅师年少聪慧，在灵岩寺学习不久就精通《涅槃经》，被人们称为神童。而其出家以来，也是做事雷厉风行，对于佛经中的章义有着较深理解，他所讲解的《涅槃经》也在社会名流之间流传，人们纷纷惊叹其领悟之深。后来，道因禅师在四川多宝寺讲解《维摩经》，据说慕名而来的听众就多达上千人，而唐玄奘也刚好在寺内修行，两人建立了深厚的友谊。有学者考证，当时唐玄奘在戒律上曾求教于道因禅师。后

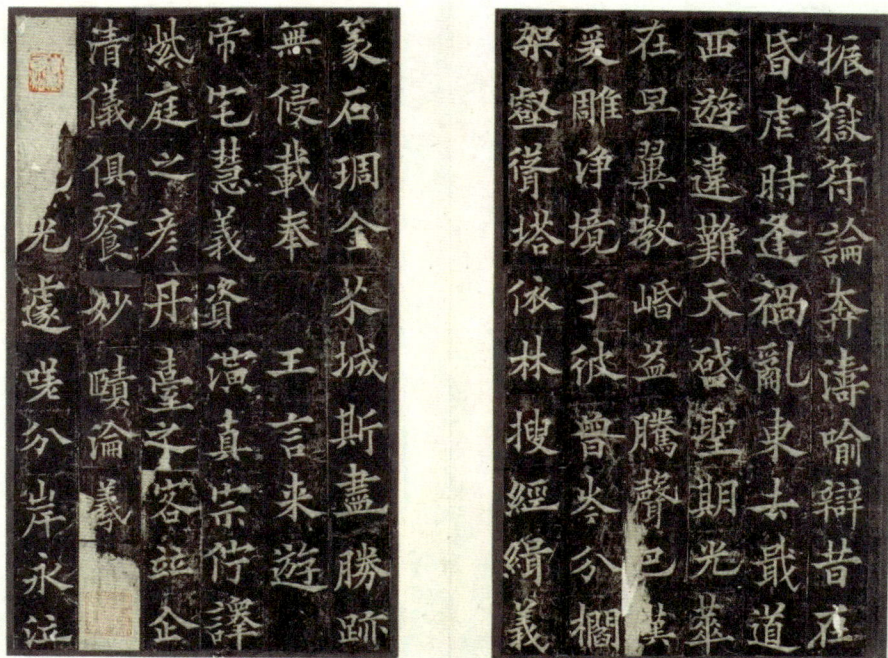

道因法师碑拓本

来唐玄奘西天拜佛求经，于贞观十九年（公元645年）回长安之后，特邀精通《维摩经》《摄论经》和《四分律》的道因禅师前往长安参与佛经翻译。

灵润禅师，俗姓梁，为河东虞乡（今山西永济市）人，其本身就是望族出身，出家后以讲解《摄大乘论经》名冠河北，誉满京师，成为当世高僧。但是灵润禅师并没有停止学习，他"闻泰岳灵岩寺僧德肃清，四方是则"，于是便拄杖前往，到了灵岩寺之后，他咨询寺内高僧，开始修行"般舟三昧"。根据《续高僧传》记载，灵润禅师修行刻苦，当时共有五百多人和灵润禅师一同在灵岩寺修行"般舟三昧"，他们"各奉行之，互相敦励，至于解坐，同行无几，惟润独节秀出，情事莫移，皆不谋同词，敬称徽绩。"灵润禅师远比别人更为坚定，在修行的道路上也比别人走得更远，最终成为一代高僧。后来李世民替唐玄奘组织译经活动时，灵润禅师也在邀请之列。

灵岩寺有三位大师与唐玄奘有佛缘，其中两位更是直接参与译经，证明了灵岩寺自隋入唐以来寺中佛学之高深，亦说明灵岩寺在唐朝之前的规模和其盛名已然不匹配。随着慕名前来的香客和入寺的僧侣不断增加，慧崇法师必须不惜花费大力气新开道场。此举对灵岩寺的发展来说可谓至关重要，因为这次建址上的瓶颈突破，是之后灵岩寺繁荣发展的根本保障。《灵岩志》对此评价很高，把慧崇法师放在了和法定禅师同等的地位上，将之尊为灵岩寺祖师之一："慧崇，贞观中高僧也。灵岩寺，旧在甘露泉西，崇移置于御书阁处，规模宏壮，与定公相侔矣。经营于贞观中，涅槃于天宝初，寿近百岁。葬于寺西高原，墓塔尚在，乃西序僧之第一祖也。"

二、塔林悼念

和后世僧众给法定禅师修祖师塔以礼拜悼念一样，由于慧崇法师对灵岩寺发展的卓越贡献，人们亦在灵岩寺塔林为其修了一座墓塔——慧崇塔。在聊慧崇塔之前，我们先来说一说灵岩寺的塔林。从辟支塔往西走不远，灵岩寺西侧有一块小山坡，这里古树苍劲，环境优美。拨开丛林，只见郁郁葱葱古树下面是一片多达上百座的古塔如春笋般立于草坪之上。

　　塔，如果从梵文中直接翻译其意，就是坟墓的意思。相传释迦牟尼成道圆寂之后，弟子们将其身体焚化，得到了八颗晶莹剔透、闪烁着佛光的珠子，这些珠子被弟子视为珍宝，亦是得道的象征，尊之为"舍利子"。当然了，根据当代科学的验证，所谓的佛骨实际上就是僧人长年累月打坐而钙化的骨骼，不容易被火化。据说，当时共有八个国家想要得到佛祖舍利，他们花费巨大的财力、物力，甚至不惜动用军队，最终把舍利分别带回了各国。而为了盛放如此尊贵的佛祖舍利，信徒们建造了一个独特的建筑，这就是最早的佛塔。随着佛教影响越来越大，"塔"逐渐成为崇佛活动中非常重要的象征，后来阿育王将佛教立为印度国教，更是发宏愿要建八万四千宝塔。人们也逐渐将高僧圆寂火化之后剩下的所有遗物，如未完全焚化的骨头即佛骨、骨灰、佛经、头发、衣物等等奉为舍利，并建塔供奉，令僧众信徒们顶礼膜拜。随着佛教东传，塔这种建筑传入中国，初期国人称之为"浮屠"或"浮图"，直到西晋，我们才出现"塔"这个字。随着南北朝时期佛教的兴盛，我国也出现了为高僧大德建造墓塔供奉舍利的习惯。

　　灵岩寺自立寺以来，便有将对寺院做出重大贡献的历代高僧于塔林之中立塔纪念的传统，所以这塔林还有个名字叫作墓塔林。截至目前，灵岩寺塔

灵岩寺塔林（正面）

林之中尚存北魏、唐、宋、金、元、明、清历代墓塔167座，又有墓志铭石碑81通，依据墓塔的身型特点可分为方碑形塔、钟形塔、鼓形塔、窣堵波塔（喇叭状）、经幢塔、亭阁塔六种。塔整体分为塔座、塔身和塔刹三部分，其中塔座又基本由地栿、圭脚、覆莲、束腰和仰莲组成，其上纹刻有雕饰，或狮子麒麟，抑或天王力士、民间生活等内容；作为墓塔主体的塔身一般较为高大，并承载了该塔的最为主要的信息，一般正面会题刻某某禅师之塔用以表明身份，背面则刻有墓主生卒年月以及塔的建造年份。还有较为特殊的墓塔甚至辟有真门，内雕有佛像，如之前曾介绍过的祖师塔。除此以外，也有些墓塔旁边还有一通墓碑，用以雕刻墓塔主人的生平经历，是研究灵岩寺历史变迁非常好的参考资料。塔刹的组成相对来说就比较传统，无非就是相轮、仰月、宝珠等图案。

除去少林寺的塔林以外，灵岩寺塔林是目前我国保存最为完整、历史横跨最长、塔形最为丰富、铭碑最多的墓塔林。与少林寺塔林不同的是，少林寺塔林多为砖塔为主，而灵岩寺塔林以石塔众多闻名，再加上其塔身雕刻丰富，工艺精美，可谓研究我国佛教石刻的重要文物。称之为我国石质墓塔艺术博物馆，亦毫不夸张。在整个墓塔林167座墓塔之中，最为瞩目的除了位于塔林正中、用来纪念第一开山祖师法定禅师的"祖师塔"以外，便是人们为了纪念慧崇禅师，于唐天宝年间（公元742~756年）所修建的"慧崇塔"。

慧崇塔位于灵岩寺墓塔林北上坡的最高处，塔高为5.3米，是一座正方形平面的石质塔，每面又宽3.74米，其样式为单层重檐方形亭阁式，分别由基座、下檐塔身、下层塔檐、上檐塔身、上层塔檐、刹座、山花蕉叶托宝珠塔刹七个部分所组成。慧崇塔的基座建于三层台基之上，为平素束腰带壁柱的方形基座形式，并在上下各有一个横向向外突出的结构，形式简洁古朴。塔基之上为塔身，其东、南、西三面均辟有石门，不过仅有南门为真门，可进入其内，门槛因岁月流逝已残，门的上部为一拱券，内有半圆形的平素壁板，外部门楣上亦是一半圆形的装饰边，上有浮雕装饰，刻画狮子、武士、乐伎、飞天等，雕工精细，人物逼真。

灵岩寺塔林（一侧）

　　内侧造有一个龛室，室内设有一个五级阶梯状塑像座，其上本应有一慧崇法师佛像，可惜现在已经遗失。东西两面为半掩半开的石雕假门，两侧各雕有一人像，东面的人像做推门进入状，而西面的则是半身探出做出门状，两门结合，一进一出，颇为生趣。而东西两门的门楣上亦有雕刻，和南门差异不大。塔身之上便是三层塔檐层层挑出，又逐层内收，再其上为刹座和塔刹。

　　自墓塔林的形式传入中国以来，大多处于寺庙较远的地方，像灵岩寺墓塔林如此特殊的选址及规模，世所罕见。除去本身的艺术价值以外，灵岩寺墓塔林也是研究我国佛教发展、特别是山东地区佛教发展历史的重要文物。

三、三藏谜团

　　有着与法定禅师同等功绩的慧崇法师，在其理事灵岩寺期间，除了迁寺、重新开辟道场之功以外，还建造了御书阁以供奉唐中宗李显赐给灵岩寺的亲笔御批，以及宏大的般舟殿和日后作为灵岩寺核心的千佛殿。

　　在本章开头，我们已经辟谣了《灵岩志》中关于唐玄奘在灵岩寺译经的历史，但是《灵岩志》对此依旧描绘了两件相关事物，一是摩顶松，二为御书阁。摩顶松，位于五花殿靠右，根据《灵岩志》记载，唐玄奘欲离大唐前往西方天竺取经的时候，摩顶松还是一株小树。他手摩树顶，语重心长地说："我西去求佛，汝可西长。"唐玄奘西去之后，它的枝头果然开始往西边长，约有数尺之长。有一年，摩顶松的枝头突然开始往东长，僧侣弟子们看到后说这是老师要回来了，于是便出门迎接，唐玄奘果然背着大量经书回来了。为了证明确实有这事，马大相还说："其树至今犹存，大可数围。内空外窍，老干尽枯，孙枝独茂，翠色欲滴，苍古可爱，真不老物也。"

御书阁经后人重建至今犹存，《灵岩志》对此的记载是："御书阁，在弥勒殿北崖上。唐贞观三年，陈玄奘译经于此，太宗赐以手敕，因建此阁。"又"唐太宗御篆：唐僧陈玄奘建阁，遵奉御书于阁上。贞观三年，太宗复赐御篆'御书阁'三大字为阁额，至今在焉。"看来，马大相认为御书阁是因为唐太宗李世民御赐手敕，慧崇法师才特意建筑御书阁的，但既然陈玄奘在此译经之事并不存在，灵岩寺自然也没可能得到唐太宗李世民的御篆。摩顶松和御书阁的故事，与唐朝初年的灵岩寺两位身份非常特别的高僧有关。

麟德二年（公元665年）十月，唐高宗李治携皇后武则天从东都洛阳出发，前往泰山封禅。根据《旧唐书》的记载，此时"天下大权，悉归中宫"，二圣共治天下，而此次封禅正是崇佛的武则天所提出的。由于情况特殊，所以这次帝王封禅打破了之前历代帝王泰山封禅的路线，帝后队伍先于当年十二月都到齐州（济南），而后参拜神通寺以及灵岩寺，最后才登泰山举行封禅大典。也正是在驻跸神通寺的时候，武则天听闻土窟寺有位叫作义净的禅师，不仅佛学高深，而且自年少时便仰慕法显、玄奘的西行求经壮举。武则天听闻之后特意去土窟寺会见义净禅师。因得武后会，义净禅师遂将土窟寺镇寺之宝金字玉轴的《法华经》宝函赠送给武则天，武则天大喜之余又把义净禅师带到了灵岩寺，并封其为灵岩寺住持。

咸亨二年（公元671年），义净禅师终于准备好，在扬州休整之后得到了冯孝诠的资助，经由海道（今广州）扬帆起航，正式前往天竺拜佛求经。而这一走，所去时间竟然比唐玄奘时间更长，二十五年之后，也就是证圣元年（公元695年），已经登基为帝的武则天率领文武百官于洛阳城东门迎接义净禅师归来，并册封其为"三藏法师"。义净西行也是带回了大量梵文原版经、律、论，合计共有400余部，为此武则天设立大荐福寺翻经院，以义净为主译，再次开展译经活动，武则天还亲笔为新经撰写新序《大周新翻圣教序》，而这实际上就是模仿李世民为唐玄奘新经撰写的《大唐三藏圣教序》。公元705年，唐中宗李显通过"神龙政变"恢复皇位，恢复唐朝旧制，改国号"周"为"唐"。不过这件事并没有影响义净禅师的译经活动，同年九月李显亲自撰文，由宰相王旦正书《大唐龙兴三藏圣教序》，再次册封义净禅师为"大唐三藏法师"。神龙三年（公元707年）五月，齐州书法家、御史唐奉临摹《大唐龙兴三藏圣教序》，并刻成碑文，立于四禅寺和灵岩寺。

义净禅师不仅历尽艰辛于天竺那烂陀寺学习，并求得梵本三藏400余部带回大唐，更是自撰《大唐西域求法高僧传》2卷和《南海寄归内法传》1卷，之后于久视元年（公元700年）开始自主译经，至景云二年（公元711年）为止共译钞经典并撰述六十一部，二百三十九卷，同时还抽闲暇空余时间来教授学徒，誉满京洛。他最终在先天二年（公元713年）正月十七日圆寂于长安大荐福寺翻经院，享年七十九岁。义净禅师圆寂之后，唐玄宗李隆基为其举行了盛大的国葬，并在大荐福寺修建义净真身塔，即"小雁塔"。又由于义净禅师出身于土窟寺和灵岩寺，故其门下弟子将义净禅师的部分佛骨舍利运回济南，在土窟寺和灵岩寺分建义净真身塔。鉴于义净禅师的卓越贡献，在我国译经史上，他和东晋法显、唐初的玄奘并列为我国三大译经大师。

说到这里，不知大家是否注意到一个点，由于《西游记》的影响，我们都叫陈玄奘禅师为唐三藏，某些不严谨的影视作

御书阁碑

品中还有唐僧自我介绍的时会说"贫僧唐三藏，自东土大唐而来"的错误。实际上"三藏"本身就不是名字，这个称呼是对通晓佛教三藏，即《经藏》《律藏》《论藏》的得道高僧的统称，这类僧人我们称其为"三藏法师"。而在当时，能被尊称为三藏法师，必须要得到皇帝的敕封。也就是说，陈玄奘没有取经回长安被李世民敕封之前，他是不能叫自己"唐三藏"的。唐初除了我们都知道的陈玄奘以外，还有一位禅师被尊称为"唐三藏"，这便是得武则天和李显两代帝王敕封的义净禅师。

前文我们说到唐初时期灵岩寺出过两位特殊的人物，除了义净禅师以外，还有一位叫作净觉。李邕的《灵岩寺碑颂并序》对此有一段"住持入慧之境，恐繁文字，削笔杪于连章，□广间遗刻，□俭圣□傅。大德僧净觉，敬惟诸佛"的记载。净觉法师本姓韦，是唐中宗第二任皇后韦氏的族弟。自李显第二次登基之后，韦皇后勾结武三思专擅朝政，李显犹如傀儡，整个唐朝都掌握在韦氏家族手中。所以净觉法师虽然是出家人，但是出自韦氏一族的他，身份自然大不相同，他又曾在灵岩寺清修传法，灵岩寺在唐中宗时期受皇家青睐就成了自然而然的事情，唐中宗能给灵岩寺御批"御书阁"三个字。这个推理，也更加合理。

四、般若千佛

如果你问现在灵岩寺最出名的是什么？想必绝大多数人会毫不犹豫地的回答位于千佛殿内的四十尊彩绘泥塑罗汉像，民间有谚语"天下罗汉两堂半"，意思是全天下所有寺庙之中，站在泥塑罗汉价值巅峰的，也就是集历史、艺术、研究价值于一体的，只有两堂半。其中半堂为苏州甪直镇保圣寺内的九尊罗汉，原本该寺内有罗汉十八尊，后来因殿堂坍塌被毁掉九尊，故而只得半堂；一堂为苏州东山紫金庵的十六尊罗汉像，而另一堂便是济南长清灵岩寺中的四十尊彩绘泥塑罗汉像，又被誉为"海内第一名塑"。罗汉像的事我们留于之后来说，先来讲讲千佛殿。

灵岩寺千佛殿

　　千佛殿位于五花阁西北面，是慧崇禅师迁寺之后创建的新灵岩寺寺院建筑核心。《灵岩志》载："千佛殿：唐宋时，名大雄宝殿，为寺之大殿也。"也就是说，千佛殿在刚刚建造起来的时候，是叫作"大雄宝殿"的。常去寺院的人应该都知道，一座寺院的核心建筑就是供奉有释迦牟尼佛像的大雄宝殿。所谓"大雄"，一是指佛祖本人，因为大雄就是佛祖的德号以及尊称，寓意佛法无边，可降伏五阴魔、烦恼魔、死魔和天子魔四魔；二是对佛祖的歌颂和崇拜，歌颂其勇者无畏，普渡苍生。正是因为这两层意思，绝大多数寺庙之中供奉佛祖释迦牟尼像的大殿都叫作大雄宝殿，同时也是寺院的核心殿宇。从目前的资料来说，当初灵岩寺的大雄宝殿正是在慧崇禅师的组织下重新修建，并作为寺院主殿存在。随着灵岩寺的发展，宋、明两代都对大雄宝殿进行过重修和扩建，后来宋朝四十尊泥塑罗汉被立于大雄宝殿之后，大雄宝殿遂改名为千佛殿。

　　除了千佛殿以外，慧崇禅师还修建了灵岩寺历史上曾十分繁华的般若殿。般若殿位于千佛殿北面，"般若"的含义即使人迷途知返、荣登彼岸，《灵岩

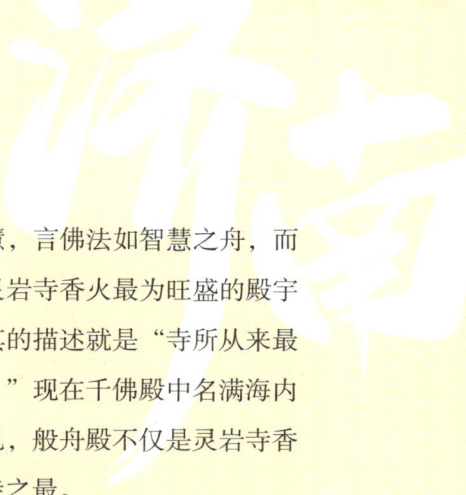

志》中说"般舟殿，般字音博，梵语般若即汉语智慧，言佛法如智慧之舟，而令人离迷途登彼岸也。"般舟殿自建造以来，便是灵岩寺香火最为旺盛的殿宇之一，清代施闰章在《国朝重修般若殿碑记》中对其的描述就是"寺所从来最久，而寺宇之最胜者曰般舟殿，望之若璇公瑶阙焉。"现在千佛殿中名满海内的泥塑罗汉，便是从般舟殿中搬迁过来的。由此可见，般舟殿不仅是灵岩寺香火最盛、人气最高的殿，其殿宇的规格，亦是灵岩寺之最。

前文我们提及唐初时河北有一位非常出名的僧人灵润，他在贞观年间就已经"名冠河北，誉满京师"，但是他依旧前往灵岩寺修行"般舟三昧"，也就是说，灵岩寺的"般舟三昧"在当时享有巨大的声望，在全中国的寺院中都属于佼佼者。根据《续高僧传》记载，当时和灵润禅师一起在灵岩寺修行"般舟三昧"的人多达五百余人。后来灵润凭借"般舟三昧"成为一代高僧，更是参与到了唐玄奘译经活动。

从般舟殿遗址发掘工作所掌握的资料来看，般舟殿巨大的台基底部以及石

般若殿遗址

慧崇塔

砌部分就是唐代遗址。除此以外，般舟殿遗址前还出土了一座唐朝开元二十三年（公元735年）雕造的龙虎纹饰楼阁式石佛塔和两座雕饰精美绝伦的唐朝八角经幢。其中，石佛塔全身石砌而成，塔身正面刻有浮雕，龛楣为火焰状壶门，龛门两侧各雕一力士，门上方中间为一传统铺首，凶神恶煞，獠牙外露，令人望而生畏；其上为二龙首兽，身体互相缠绕，并做回首对视状；再两上角为相向的双鹤，两下角刻手托宝珠的二飞天。其造型工艺之精美，雕饰之细腻，可谓我国唐代佛教艺术精品，因为灵岩寺石佛塔上的浮雕和历城柳埠神通寺的龙虎塔类似，所以人们又称之为"小龙虎塔"。

两座八角经幢，一座雕于唐天宝十二年（公元753年），一座年代稍晚，雕于唐大中十四年（公元860年）。天宝年间的这顶经幢由于其幢顶刻有《佛顶尊胜陀罗尼经》，故而又被称为"佛顶尊胜陀罗尼经幢"。该经幢基座为正方形，每面雕有铺首，颇为凶狠。其上为圆形束腰莲座，上刻有八面佛像，慈眉善目，面带微笑，拥有极高的艺术价值。另一幢雕造于大中年间的经幢，其上层为仰覆莲瓣之间的圆形束腰，共有5个云头形门壶，内饰有浮雕，南面为一伎乐天，伸臂抬腿之间已然要翩翩起舞；其东西两侧则各雕有一个鹰身人首，双臂展开的羽人，一人持排箫，一人持檀板，似有佛音袅袅；而其南北两面为一雄一雌两条石龙，雄雌体型明显，一刚一柔，互相陪衬。

这般舟殿的一塔、两经幢，毫无疑问是不可多得的唐朝佛教精品文物，具有很高的艺术价值与研究价值，同时也昭示着灵岩寺在唐朝初年的兴盛程度。当然这也是慧崇禅师对灵岩寺的重要贡献之一。后人之所以将慧崇禅师视为和法定禅师同等地位的灵岩寺开山祖师，并为其修建墓塔，不仅仅只因其迁寺之功，慧崇禅师于迁寺之后为灵岩寺发展所做的贡献，也是独一无二的。

五、寺颂并序

武则天封禅泰山对于灵岩寺的贡献，寺中僧人自然不会忘记，在今灵岩寺天王殿外东墙根南侧，就有一通刻于唐垂拱四年（公元688年）的石碑。有意思的是，该石碑本来是为了纪念时灵岩寺住持慧颐禅师的。如开头就说："大唐垂拱四年岁次戊子四月戊子朔八日乙未。昔日有慧颐禅师，在此山门住持余载，精勤勇猛，志操严凝……英声久播，道业远流"。也就是说，在这之前灵岩寺有一位住持叫作慧颐，他在任期间为人兢兢业业，严持寺律，不仅享有很大的名气，而且后人亦记得他的教诲。既然是一位得道高僧，且对灵岩寺有颇多贡献，于是灵岩寺僧众"抽资什物，谨舍财敬造斯塔一所"。想来这塔一定是建在灵岩寺墓塔林，这些都无可厚非。但是其结尾却又加了一句"奉为皇帝陛下，师僧父母，普及含灵，存亡眷属，尽愿超育，俱登觉路"。垂拱是武则天的年号，那么这里的"皇帝陛下"毫无疑问指的就是武则天，觉路在佛教中是"转迷开悟，荣登彼岸"的意思，刻在这里自然是为武则天祈福的含义。

该碑是目前所存灵岩寺年代最早的碑文，僧众们一边为慧颐禅师建墓塔悼念，还不忘加上武则天的名字，应该是实实在在感谢武则天对灵岩寺发展的贡献，值得他们心心念念给"皇帝陛下"祈福的。这表明了两者之间的特殊关系，要知道作为第一位驻跸灵岩寺帝王的杨坚都没有这个待遇。

　　在武则天之后，一方面唐朝政权稳固，已经不再惧怕宗教势力；二来这时候佛教已经基本完成本土化，信众巨大，甚至还远播日本。当然，当时在日本摄政的圣德太子之所以要从唐朝学习佛教，并在日本传播，同样也是为了巩固天皇的统治。在种种因素之下，李唐的统治者不再像李世民和李治那样对佛教有警觉性，到了唐中宗李显和唐睿宗李旦继位之后，李唐开始施行"两教并存，不分高下"的政策。唐玄宗李隆基在位的时候，灵岩寺再度发展，文人墨客无不登寺礼佛，这才有了唐代著名书法家、文学家李邕所撰写的《灵岩寺碑颂并序》。

　　"安史之乱"后，面对越来越严重的藩镇割据，李唐皇室利用佛教来维护自己的统治，这个时候皇室的崇佛活动开始频繁起来。正是在此背景之下，灵岩寺的发展更上一层楼，这里有环境因素，有政治因素，当然更有灵岩寺僧众的努力，如慧崇禅师、慧赜禅师等。唐德宗元和年间（公元806~820年），名相李吉甫将灵岩寺列为"域内四大名刹""域中四绝"，且位列"四绝第一"。

　　公元742年，大唐刚刚经历开元盛世，四海臣服，国力昌盛，唐王朝在玄宗李隆基的手中达到了历史巅峰，而完成这一切的李隆基认为自己已经前无古人后无来者，于是他决定改年号为"天宝"，好好享受下半生的荣华富贵。这一年的某天，唐朝大臣李善之子，少年成名，博学多才，以行书碑文盛名于天下的北海（今山东潍坊）太守李邕登上了灵岩寺。他望着高耸入云的辟支塔，占满整个石壁的力士像，恢宏高大的千佛殿以及响彻半个泰山的梵音，心中顿时涌现出无限情感，取笔挥就一文《灵岩寺碑颂并序》，灵岩寺僧众遂将之刻碑立于寺内，这就是文中已经多次提及和引用的李邕《灵岩寺碑颂并序》碑。

　　经过岁月的侵蚀，许多文字已不可辨认，可如此完整的李邕行书，已属世所罕见，其中还有许多重要的灵岩寺信息。对此，明末清初文学家施闰章曾在《重修般舟殿碑记》中记载："掊地得唐宋碑碣如山，累为屏壁，鳞次而秀错，凡一百一十通。"也就是说，至少在清初的时候灵岩寺还有一百一十通唐宋碑碣，但是到了清康熙年间，马大相在编撰《灵岩志》的时候就感慨："诗盛于唐，兹寺亦莫盛于唐！想唐人题咏必多，今觅其迹迹，仅存'御书阁'三字。或世远人淹，亦如今日之堆垣叠砌，毁坏殆尽耶！"也就是说，当时灵岩寺的唐宋碑碣已经毁去了绝大部分。而如今，《灵岩寺碑颂并序》碑文更是山东省内唯一一块李邕书碑，再加上唐朝之前有关灵岩寺的史料匮乏，尤显珍贵。

这块碑于1995年考古活动中在鲁班洞西壁内嵌所发掘，碑文前半部分主要是阐述了灵岩寺从北魏正光年间法定禅师建寺到唐开元年间的兴废大事件，其中着重描写了武则天和李治泰山封禅之后对灵岩寺的赏赐。后半部分则是对灵岩寺的歌颂，包括风景和高僧，以及寺庙在唐朝中前期的名声之盛。碑现存高为190厘米，宽90厘米，共21行，满行41字，字体为行书，笔力遒劲、险峭，风格奇伟倜傥，正是李邕一代书法大家的鲜明特征，连一代词帝后主李煜也曾对李邕的行书称赞："李邕得右将军之气而失于体格。"（右将军即王羲之，因其官职为右将军故名），李邕也以文章、书法和篆刻号称"北海三绝"，而此碑在北宋金石学家、著名词人李清照的相公赵明诚《金石录》中亦曾记载，兼具历史和艺术价值，可谓是灵岩寺的不世珍宝。

历史往往是残酷的，实际上李邕之所以和灵岩寺结缘，皆因其早年刚正不阿，却因得罪宰相李林甫被贬为北海（今山东潍坊青州）太守。天宝六年（公元747年），李林甫又以"贪赃"罪将李邕逮捕入狱，李邕竟然活活被杖死于刑庭之上，时年七十岁。李邕好友李白闻讯之后痛心不已，写下"君不见李北海，英风豪气今何在"的感慨；杜甫亦用"坡陀青州血，芜没汶阳瘗"表达悲愤之情。

六、题咏灵岩

前文提及马大相曾在《灵岩志》中感慨："诗盛于唐，兹寺亦莫盛于唐！想唐人题咏必多。"这个说法是有根据的，灵岩寺背靠帝王祭天的泰山，风景秀美自不必说，又是当时的"域内四绝"之首，不论名气还是繁盛程度，在北方都是数一数二的存在，文人到达济南必登灵岩寺犹如到杭州必游西湖一样，骚客题咏自然很多，其中就包括唐代最著名的大诗人李白和杜甫。

李白，唐朝伟大的浪漫主义诗人，号青莲居士，被后人称为"诗仙"。他一生潇洒不羁，不仕官途，饮酒作诗，仗剑江湖，为后世留下了上百首千古文章和诗篇。从公元736年开始，李白遍游齐鲁大地，亦踏足灵岩寺，留下两首五言律诗，即《题灵岩寺泉池》二首，其一："远公爱康乐，为我开禅关。萧然松石下，何异清凉山。花将色不染，水与心俱闲。一坐度小劫，观空天地间。"其二："客来花雨际，秋水落金池。片石含青锦，疏松挂绿丝。高僧拂玉柄，童子献双梨。惜去爱佳景，烟萝欲瞑时。"从这两首诗来看，李白登灵岩寺时寺中泉水丰盛、环境清幽，使得大诗人李白也情不自禁即兴咏诗，抒发心中无限情感。

灵岩寺的魅力就是如此，它安安静静地在那里，任你去观赏、去揣摩。在马大相的《灵岩志》中还收录了唐朝现实主义大诗人杜甫的一首《题赞公房》，其诗曰："灯影照无睡，心情闻妙香。夜深殿突兀，风动金琅铛。天黑闭春院，地清栖暗芳。玉绳回断绝，铁凤森翱翔。梵放时出寺，钟残仍殷床。明朝在沃野，苦见尘沙黄。"不过这里最后两句"明朝在沃野，苦见尘沙黄"很明显并不符合济南的景色描写，实际上这首诗出自杜甫的《大云寺赞公房四首》之一，所描写的背景乃是杜甫和好友唐朝僧人、京师大云寺住持赞公被贬秦州（今甘肃天水）后两人相遇的感慨，那这里"苦见尘沙黄"就可以解释得通了。也就是说，这首诗应该是被马大相误引用到灵岩寺身上。除了《题赞公房》以外，马大相还把唐朝诗人刘长卿的《自道林寺西入石路至麓山寺，过法崇禅师故居》中两句"山僧候谷口，石路拂莓苔"张冠李戴到了灵岩寺身上，关于这些错误，我们仅需要了解即可。

但是，在真实的历史上杜甫很有可能是到过灵岩寺的，只是或未曾留下诗句，抑或在历史中已经遗失。为什么这么说呢？因为杜甫曾于唐开元二十四年（公元736年）左右以及天宝四年（公元745年）左右两次游历济南，其《壮游》一诗中就有"放荡齐赵间，裘马颇清狂"之句，不过第一次杜甫并没有到泰山一带，所以在其千古名诗《望岳》中写道"会当凌绝顶，一览众山小"，这里的"会"就是终当、一定的意思。而他第二次游历济南，遇到了李白，同行的还有高适、李邕等文坛巨匠，几个人高歌长吟，成就了中国文坛上的一段佳话。杜甫在日后《又上后园山脚》中回忆道："昔我游山东，忆戏东岳阳。穷秋立日观，矫首望八荒。"这首诗算是充分说明了杜甫曾登上过泰山，而李白和李邕都与灵岩寺有缘，灵岩寺又在泰山西北麓，那么极有可能杜甫去过灵岩寺。

在唐代宗李豫所执政的大历年间（公元766~779年），涌现了十位偏重诗歌形式技巧的诗人，他们以歌颂升平、吟咏山水、称道隐逸为基本主题，又有对"安史之乱"后唐朝现实的一些描写，由此形成一个流派，在后世享有盛誉，姚合的《极玄集》称之为"大历十才子"。十才子中，司空曙、钱起等曾游览灵岩，并留下诗句。

司空曙本为大历年间进士，是唐朝另一位诗人卢纶的表兄。其一生仕途

灵岩寺古石坊（十里牌坊）

司空曙

蹭蹬，长期被贬，漂泊在外，所以相对于达官贵人，司空曙倒更和僧人隐士有着共同话题。他自己在《深上人见访忆李端》中就说："避世多称疾，留僧独闭关。心归尘俗外，道胜有无间。"这样的性格自然和灵岩寺无比契合，以至于司空曙游历济南时特意登上灵岩寺，并留下《游灵岩寺》诗一篇："春山古寺绕烟波，磴石盘空鸟道过。百丈金身开翠壁，万窗灯焰隔烟萝。云生客到侵衣湿，花落僧禅覆地多。不与方袍同结足，下归尘世竟如何？"司空曙的这首七言律诗还是拥有相当信息量的，其中"百丈金身"说的应该就是现存铁袈裟的原型百丈金刚力士，"开翠壁"则是灵岩十二景中的"积翠岩"现象，而"万窗灯焰"描写了灵岩寺庙宇之宏大繁华，一派香火鼎盛的景象。

七、禅、密两宗

前面我们已经大致介绍了唐时灵岩寺的基本情况，人文、建筑及历史变迁。不过灵岩寺的故事并不止于此，它依旧有许多值得人们说道的地方，例如佛教东传本土化后灵岩寺的禅宗、密宗两开花。

佛教自传入中国经过几个世纪的演化，最终于唐朝完成本土化，并分化成多种多样的宗教门派，以八大宗派最为出名，又被称为"中国佛教八大宗派"。即一：三论宗，又名法性宗；二：瑜伽宗，又名法相宗、慈恩宗、唯识宗；三：天台宗，又名法华宗；四：贤首宗，又名华严宗；五：禅宗；六：净土宗；七：律宗；八：密宗，又名真言宗。有个助记口诀，即"性、相、台、贤、禅、净、律、密"。要问八大宗里谁的影响最大，当属禅宗。禅宗创始人即大名鼎鼎的菩提达摩，世称达摩祖师。灵岩寺是怎么和禅宗结缘的呢？这还得从禅宗的修行法门和灵岩寺的起源说起。

禅宗讲"直指人心，见性成佛"，将禅修融于日常生活之中，认为人人皆有佛性，并以思辨取代神通，闭关修禅，追求心灵的解脱和出世的最高境界。但修心这件事说起来容易做起来却是最难的，所以大多数修行禅宗的僧侣都会寻找林间或者岩穴等幽静之处，以便让自己静下心来，更快地达到入修状态。禅宗发展的初期，一个禅僧要取得合法的僧人身份，必须在合法的寺院入寺或者挂名之后才可以正式开始禅修，所以他们在寻找寺庙的时候就不会选择那些位于城市中的名寺，往往以背靠名山大川、远离红尘喧闹的寺庙为主，这也是位于嵩山少室山茂密树林中的少林寺会成为禅宗祖庭的重要原因。

群山环抱、重峦叠嶂、峭壁清泉、绿树成荫的灵岩寺在环境上比之少林寺也是有过之而无不及。到了宋朝，灵岩寺甚至和益都法庆寺、诸城侔云寺以及光明寺并称为"山东四大禅寺"。禅宗自达摩祖师创建以来，下传慧可、僧璨、道信，至弘忍之后，于唐初分成以六祖惠能为首的南宗和以神秀为主的北宗，时称"南能北秀"，南宗主张即心即佛，修行不拘泥于坐禅、观定等形式，俗称"顿悟"；而北宗则是讲究坐禅观定法，渐进禅法，渐修菩提，谓之"渐悟"。当时域内四大名刹仅有灵岩寺位于江北，禅宗六大祖庭除了少林寺以外，其余五座如安徽岳西二祖寺、天柱山三祖寺、湖北黄梅四祖寺、五祖寺、广东南华寺皆位于南方，于是灵岩寺成为北方禅僧特别是齐鲁禅僧选择的不二之处。

除了禅宗北宗以外，当时灵岩寺中还有一项修行宗派密宗，李邕《灵岩寺颂并序》碑中开头便有"或真空以悟圣，或密教以接凡，谓之灵岩，久矣"的记载，说明当时灵岩寺密教修行颇为流行，甚至不弱于禅宗，而这里的"密教"即"密宗"。密宗本身是印度宗派，分为胎藏界以及金刚界两派，后经过被誉为"开元三大士"的善无畏阿阇梨、金刚智阿阇梨、法师三位宗派祖师自印度传入中国，唐初大慧禅师，即僧一行集前人所有修行于大乘，为《大日经》注解而成《大日经疏》，由此形成中国密宗，又因形成于唐，也被称为唐密。

密宗以密法奥秘，必须经"阿阇梨"亲自授耶戒，并持执不怠，不经传授不得互相传习，因此称为"密宗"。"阿阇梨"是导师、老师之意，也就是说密宗注重身、口、意传承，是必须要有师承才能成佛得道的。因为密宗所学庞杂，他们不仅要精通经、律、论"三藏"，还有戒、定、慧"三学"，以及颂、赞、咒、仪轨、手印等，实在难以自通。不过也正因为此，密宗自有其迷人的地方，在唐朝可谓盛极一时，而在灵岩寺中，密宗也有着诸多表现，如至今尚存的唐朝庙门密殿遗址，山门密殿石柱上所刻的"一切如来心中心真言"，墓塔林中的"大随求咒"等等，皆昭示着当时灵岩寺的密宗修行之盛。

我们已介绍灵岩寺般舟殿前出土过两座雕饰精美绝伦的唐朝八角经幢，其中一座雕凿于唐天宝十二年（公元753年）的经幢，由于其顶部刻有《佛顶尊胜陀罗尼经》故而被称为佛顶尊胜陀罗尼经幢，实际上《佛顶尊胜陀罗尼经》是密宗最为著名的典籍之一。至大历十一年（公元776年）唐代宗李豫下令"天下僧尼每日须诵《尊胜陀罗尼》二十一遍"，密宗兴盛时期，全国各地寺院开始大量雕凿经幢，这才有了另一座雕凿于唐大中十四年（公元860年）的经幢，同时灵岩寺现存经幢上拥有大量诸如六字大明咒、文殊五字真言、护法咒和大量古梵文所刻的咒语，皆证明了终唐一朝灵岩寺的密宗修行盛极一时。

唐武宗李炎的灭佛运动，使密宗在中国遭到了毁灭性打击，此后日渐式微，不复当年。所以，灵岩寺这些遗址与文物，对于研究密宗在唐朝的传承和历史亦有非常重大的意义。

摩顶松（又名"百事如意"树）

八、源来禅茶

说到灵岩寺的禅宗，就不得不提与之相关的另外一件事情，那就是我国的饮茶之风。茶是我国的传统饮品，也是风靡世界的中国习俗之一。晋代《华阳国志·巴志》记载："周武王伐纣，实得巴蜀之师，……茶蜜……皆纳贡之。"也就是说，早在西周时期我国的四川一带就有种植茶树和饮茶的习惯，还将之作为贡品献给周天子。由于茶树难打理，产茶数量少，制作工艺难等问题，当时的茶尚还属于皇室贵族的特供，普通人是没有机会喝到茶的，这个现象要一直等到隋唐时期才有所改变。直到公元780年陆羽撰写《茶经》。《茶经》是我国乃至世界上最早、最完整、最全面的饮茶专著，它的完成代表了茶叶真正进入寻常百姓家，因此陆羽也被封为"茶圣"。

唐天宝年间，一位叫作封演的进士，在专著《封氏闻见记·卷六·饮茶》篇里面，有这么一段描述："（茶）南人好饮之，北人初不多饮。开元中，泰山灵岩寺有降魔大师兴禅教，学禅务于不寐，又不夕食，皆恃饮茶。人自怀挟，到处煮饮。从此转相仿效，遂成风俗……城市多开店铺煎茶卖之……于是茶道大行，王宫朝市无不饮者……"

这句话很好理解，说的是灵岩寺有一位叫作降魔大师的禅师，由于禅宗的修行法门是坐禅，常常熬夜少食，所以僧人就用喝茶来对抗疲劳，于是人人怀里都带着茶叶，随时随地煮茶饮茶。随后这种风气开始传播，逐渐成为习俗，城市里也开始出现卖茶的店铺，最后王宫和大城市中没有不喝茶的，由此饮茶习俗开始风靡北方。

通过上一章的了解，我们知道灵岩寺当时最盛行的就是禅宗和密宗两种修行，在刻苦的修行条件之下，僧人们或许是偶然发现了饮茶可以使自己保持清醒与愉悦的心情，疲劳困顿之感也会烟消云散。正如诗僧皎然在《饮茶歌诮崔石使君》中说的，"素瓷雪色飘沫香，何似诸仙琼蕊浆。一饮涤昏寐，情思朗爽满天地。再饮清我神，忽如飞雨洒轻尘。三饮便得道，何须苦心破烦恼。"饮茶给原本苦闷的修行带来了不一样的感受，自然而然就成了当时禅

禅茶

僧们的标配。虽然现在的科学已经证明茶叶中提神的成分就是"咖啡碱"，并有氨基酸、芳香物质、茶多酚等令人心情愉悦的成分，但是古人并不了解这一点，只知道喝茶的神奇。于是灵岩寺中的饮禅茶之风久而久之便由香客带入红尘之中。

这里我们再来说一下对灵岩寺禅茶起源拥有重大贡献的降魔禅师。降魔禅师本姓王，赵郡人（今河北）。《宋高僧传》说他"尝无少畏，至年长弥见挺拔，故号降魔藏欤"，他本身是在广福院明赞禅师处受法出家，后来改拜到神秀禅师门下，成了禅宗北宗的一分子，并于唐开元年间受师父之命到灵岩寺弘扬佛法。作为北宗的创始人，神秀禅师拥有崇高的地位，而身为其弟子的降魔禅师也有着很大的号召力，一时之间众多北宗禅僧齐聚灵岩寺来听降魔禅师的说法。很多人会觉得北方饮茶之风源于灵岩寺是一种巧合，实际上笔者却不这么认为，因为这里要求条件说来容易，实则颇为苛刻，既要求寺院拥有大量的禅僧修行者，同时也要寺院拥有足够的影响力和络绎不绝的香火客，由此才能让饮茶之风从出世到入世，继而风染半个中国。也是因为此，灵岩寺被誉为我国禅茶祖庭，茶文化的重要传播地。

九、会昌毁佛

佛教经历过北魏太武帝和北周武帝的两次灭佛运动，其本质也是大致相同，那就是由于佛教发展实在太快，寺院经济扩张过猛，与当时的统治者产生了严重利益纠纷。比如损害了国家的利益，甚至还有与民争利的情况发生，最终令封建统治阶层下达了灭佛的政令。而到了唐朝后期，佛教经过百年的快速发展，时称"十分天下财，而佛有七八"，于是佛教又来到了兴废轮回的路口。

会昌五年（公元845年），原本就崇道的唐武宗李炎在道士赵归真和宰相李德裕的说动下，下令清查天下寺院及僧侣人数，随后规定长安、洛阳左右街只能各留二寺，每寺僧仅三十人。天下诸郡各留一寺，所有寺院分为三等，其中上寺二十人，中寺十人，下寺五人。到了八月，下令全国四千六百余所寺院和四万所兰若（私立的僧居）全部拆除，拆下来的寺院物资用来修缮政府设施，金银佛像上交国库，铁像用来铸造农器，及钟、磬用来铸钱，史称"会昌法难"（即三武一宗灭佛运动中的"唐武宗灭佛"事件）。根据历史记载，这次"灭佛事件"令朝廷没收寺院田地数千万顷，寺院奴婢十五万人，寺院杂役五十万以上，逼迫还俗二十六万僧侣，从佛像身上刮下来的金银铜铁等更是不计其数。

总结"三武灭佛"的共同点可以发现其中的经济因素。唐武宗时期，由于经历了"安史之乱"，大唐王朝的国力急速下降，原本四海升平的局面也被打破，国内不仅藩镇割据，中央王权衰落，边境同时也受到强大吐蕃的严重威胁，可以说当时的唐王朝不仅缺钱，而且也缺人。而寺院一直以来拥有着"政策红利"，寺院土地不交课税，僧侣免除赋税和兵役，于是特殊时期，寺院自然也就成为补充国库的一个来源。

虽然"会昌法难"在第二年就因唐武宗去世、唐宣宗继位下令复兴佛教而告终，但是从唐武宗灭佛的敕令中我们可以看到，当时越大的寺院所遭受破坏越大。作为域内四大名刹之一的灵岩寺，不仅要遣散大量僧侣，只留二三十人，还要归还寺院原本拥有的田地庄园，更为致命的是当时还下令

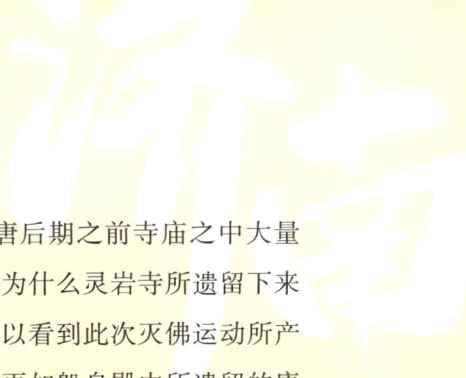

"佛上剥金，打碎铜铁佛，称其斤两"，这使得唐后期之前寺庙之中大量精美绝伦、拥有极高艺术价值的佛像被毁。这也是为什么灵岩寺所遗留下来的唐朝文物塑像极为稀缺的原因，我们现在依旧可以看到此次灭佛运动所产生的痕迹，如袈裟泉旁破损力士残留下的铁袈裟，再如般舟殿中所遗留的唐代佛头等。清代王昶在其《金石萃编》中说："惟有此龛发现俨然，微有薰残"，这里说的就是因为证盟功德龛地势险要，所以逃过一劫——可想而知寺院其余地区皆受此劫难。

好在"会昌法难"后，灵岩寺依旧保留了其鼎盛时期的诸多寺院建筑。等到唐宣宗李忱登基之后，不仅对外击败吐蕃、收复河湟、安定塞北、平定江南，而且对内惩治奸臣、整顿吏治，并恢复了佛教，史称"大中之治"。在这种情况下，灵岩寺也快速恢复了元气，"大中五年奉旨，许于旧踪再起精舍。寺主僧从惠闻于州县，起立此寺"。

"会昌法难"之后，在灵岩寺的发展史上还有一个小插曲。那就是由明禅师始建于北魏孝明帝正光元年（公元520年）的静默寺（后改名神宝寺），因这次武帝灭佛而彻底荒废，最终成为灵岩寺的下院。金明昌五年（公元1194

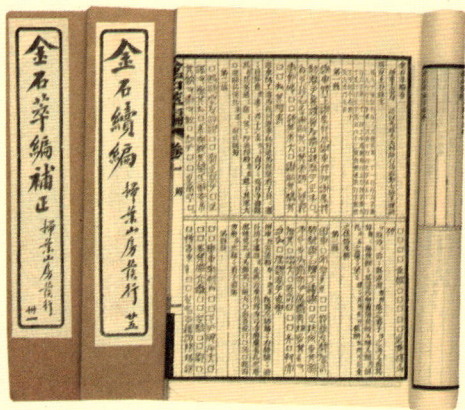

金石萃编

第五章 海内存名刹

年）所立的《十方灵岩禅寺田园记》中，对灵岩寺所辖范围的描述就是"东至棋子岭，南至明孔山，西至鸡鸣山，北至神宝寺。"可见神宝寺虽留有其名，却已是灵岩寺的一分子。

可惜的是，神宝寺虽然曾和灵岩寺并行发展，也有其辉煌的时代，但终究不如灵岩寺的天时地利人和，并最终于"会昌法难"中损坏严重，不得不作为灵岩寺的下院存在，而后逐渐于历史中销声匿迹，仅留下一通石碑和两三残像供后人瞻仰。

当然，对于灵岩寺来说，这也许只不过是其千年之间一个小插曲罢了，所有的磨难，都等待下一次的花开。

JINAN 济南故事

第六章

帝王赐寺碑

一、世宗禁佛

公元907年，后梁太祖朱温篡唐，正式宣告了曾经强极一时的唐王朝覆灭，同时也是我国历史上另一个大分裂期——五代十国的开始。在这之后，中原地区依次出现了后梁、后唐、后晋、后汉和后周五个朝代，直到公元960年后周禁军统帅赵匡胤发动"陈桥兵变"，黄袍加身篡周自立，才再次一统中国，宣告了这段混乱时代的结束。

王朝更迭不断，灵岩寺既遭遇了磨难，也迎来了机遇。说磨难，这是因为时灵岩寺所处的齐州（今济南）恰好位于战场中心，古人对其的评价是："齐州当四达之冲。南不得齐州，则无以问河济；北不得齐州，则不敢窥淮泗；西不得齐州，则无从得志于临淄，东不得齐州，则无争衡于阿鄄。故山东有难，齐州常为战守之冲。"这种情况下，灵岩寺很难得到休养生息的机会，要说发展更是难上加难了。不过动乱的时代，无家可归的百姓，他们不仅需要在这个随时可能看不见明天的时代里寻找心灵慰藉，而且由于僧侣不需要纳税服兵役等，寺院占有大量土地，囤积着巨额财富，以至于一时之间入寺为僧的人络绎不绝，或有普通百姓，也有逃兵、依附奴仆、落魄贵族、破产地主等。许多原本坐拥大量财富的豪门贵胄也开始和寺院合作，将家族产业挂在寺院名下以此逃避赋税，致使巨额国家财产流失。

世间的一切兴废，都不过是历史的轮回。显德元年（公元954年），后周世宗柴荣上位，他励精图治，改革军政，立下了"以十年开拓天下，十年养百姓，十年致太平"的壮举，更扬言要一统天下，结束分裂混乱。但彼时的后周要钱没钱，要田没田，要兵没兵，柴荣遇到了和北魏太武帝、北周武帝、唐武宗一模一样的难题，而最后的选择自然也是殊途同归，钱、粮、兵、田皆从因战而肥的寺庙中获取。显德二年（公元955年），柴荣下令整顿佛教："诸道府州县镇村坊，应有敕额寺院，一切仍旧，其无敕额者，并仰停废，所有功德佛教及僧尼，并腾并于合留寺院内安置。天下诸县城郭内，若无敕额寺院，只于合停废寺院内，选功德屋宇最多者，或寺院僧尼各留一所……"又"敕天下寺院，非敕额者悉废之。禁止私度僧尼……禁僧俗舍身、断手足、炼指、挂灯、带钳之类幻惑流俗者。"

从这段敕令中我们可以看出，后周世宗柴荣灭佛更近似于唐武宗，同时也是"三武一宗灭佛"里面程度最轻的。他并没有直接毁寺逼迫僧侣还俗，只是规定了野寺、私人寺院，如果没有皇帝敕额（即没有皇帝赐予寺院匾额的寺院）要全部停废。同时还规定如果一个县里面全部都是没有皇帝赐予寺院匾额的寺，就留其中香火最旺盛、寺院建筑最宏大的一所。废寺中的僧人也没有逼迫他们还俗，而是合并到合格的寺院里面。

控制宗教，不令其危害到政权统治，但另一方面算是第一次官方承认了寺院的合法性，这为之后宋、元、明、清四朝治理佛教提供了一个思路。

柴荣还下诏禁天下铜器，规定悉毁天下铜佛像以铸铜钱充做军饷。北宋学者王巩在《随手杂录》中就说："柴世宗销天下铜像以为钱，真定像高大，不可施工，有司请免。既而北伐，命炮击之……"，算是彻底暴露了后周世宗灭佛的本质和动机。不过这件事令原本支持柴荣进行佛教改革、整顿寺院的大臣们也惊讶不已，纷纷对其进行劝谏，为此柴荣反问："佛教以为头目髓脑有利于众生，尚无所惜，宁复以铜像为爱乎？"又"吾闻佛说以身世为妄，而以利人为急。使其真身尚在，苟利于世，犹欲割截，况此铜像，岂有所惜哉？"这一问倒是令众大臣们哑口无言，毕竟对于真正虔诚的佛教信徒来说，佛像是铜的还是泥塑的，又有什么区别呢？

虽然柴荣灭佛没有大量屠杀僧侣、焚毁佛经，且带有改革的性质，但对于当时后周境内，也就是当时北方佛教的冲击是毋庸置疑的。根据统计，自显德二年（公元955年）以来，整个后周境内先后废除佛寺30 336座，僧尼还俗数十万人，最终全国仅有寺庙2 694座，僧尼61 200人。其中山东作为北方佛教的发展中心首当其冲，例如德州平原县的淳熙寺就在这次灭佛中"大毁佛教，像宇尽瘠"。与之相对比的就是当时江南地区的南唐、吴越、闽等政权，他们大多对佛教采取扶持政策，以致出现了南方佛教繁荣发展、北方佛教萧条凋零的局面，这导致大量北方僧侣跑到南方去，加剧了北方佛教的衰落。

现存文献中并没有描写灵岩寺在五代十国期间的发展如何，但是通过当时北方佛教整体的发展窘境，我们不难得出这段时间的灵岩寺可能面临着重大问题，五代的时局动乱和世宗灭佛更是加剧了这种情况。不过有一点需要注意的是，周世宗的佛教改革从长远角度上来说对于北方佛教后期发展还是有利的，对于灵岩寺来说自然也是如此，毕竟这次灭佛运动不似先前一样毁寺灭像（仅针对铜像，不针对泥像），灵岩寺在唐朝后期的寺院规模和建筑都被保留了下来。

二、初现弊端

公元960年，后周禁军统帅赵匡胤逼迫后周恭帝柴宗训禅位，改元建隆，国号"宋"，因与后来的南宋相区别，史称北宋。至太平兴国四年（公元979年）二月，赵匡胤的弟弟、宋朝第二位皇帝宋太宗赵光义御驾亲征，和大将潘美一起围攻北汉都城太原，北汉皇帝刘继元被迫投降，这是北宋灭后蜀、南唐、吴越、南汉后最后消灭的一个唐末割据政权，当时的宋朝在形式上已经统一全国。社会终于安定下来，对于佛教发展来说自然是百利无一害，然而经历周世宗灭佛的北方佛教和繁荣的南方佛教形成鲜明对比，包括灵岩寺在内的北方佛教，依旧受到北宋初年统治者对佛教政策的强大影响。

北宋初年，刚刚继位的宋太祖赵匡胤还是延续了周世宗柴荣的抑佛政策，对于后周没有清除完全的铜佛像，下令全部运到京师集中销毁，然后铸币以充国库。但是另一方面，赵匡胤亦意识到宋朝政权刚稳，必须要取得宗教的支持，所以他在刚刚登基的次月16日（公元960年2月16日），同时也是以自己生日设立的"长春节"这天，不仅在相国寺赐宴百官，而且下诏度行童8 000人出家。当年六月，赵匡胤下诏"诸路州府寺院经显德二年当废未毁者，听存。其已毁寺，所有佛像许移置存留"。也就是说，后周世宗灭佛时期没毁坏的寺院、佛像就保存下来，寺院已经毁坏的，佛像不得再毁坏，可以移到其他地方。当年四月，赵匡胤还上相国寺祈雨，出内帑，设千僧斋，最后果然下了一场大雨。到了乾德四年（公元966年），赵匡胤派遣僧人行勤带领着157人前往天竺取经求法。这些都说明了宋初对于佛教的政策很克制，既不大力扶持，亦不大力打击，同时因需要佛教来巩固自己的统治，官方佛事活动频繁，延续了周世宗的佛教改革政策。

这一现象在平定南唐之后有了改变，因为当时南方经济发达，佛教发展迅猛，势力庞大，再想抑制佛教显然已经不可能，所以赵匡胤和赵光义都采取了积极的佛教政策。特别是到了宋太宗赵光义执政期间，如太平兴国五年（公元980年）天竺高僧法天等先后来京宣扬佛法，赵光义索性降旨设立译经院，恢复了自唐朝元和时期就已中断的官方佛经翻译，为此赵光义还效仿唐太宗为新经作序《新译三藏圣教序》，并敕令在东京开宝寺内建了一座高达360尺的舍利塔，亲放舍利；共历时八年，耗资无数。宋真宗赵恒继位之后，延续了赵光义对佛教的扶持政策，一方面作《圣教序》鼓励译经活动，另一方面还鼓励人们剃度出家，规定天下童子每十人可度一人，全国共设戒坛七十二处。据统计，从宋初的佛教凋零到宋真宗天禧五年（公元1021年），天下共有僧人397 615人，尼61 239人，十分可观。

当然，这一切的扶持都是有明确政治目的的。宋太宗赵光义就对群臣说："浮屠氏之教，有裨政治"，宋真宗也说："释道二门，有助世教。"另一方面，赵光义也说："而梁氏舍身为寺奴，布发于地令桑门践之，此真大惑，朕甚不取也。"意思就是像南梁萧衍那样出家当和尚，成为寺院奴隶般崇拜

宋真宗赵恒

佛教，这种事情我是真的不理解，也不会去做。

在这种大环境下，灵岩寺和宋朝最高层有了一丝联系，宋太宗赵光义和宋真宗赵恒皆给灵岩寺颁布敕令，《灵岩志》记载："太宗章圣尝赐御书，琅函风篆，辉映崖谷。皇上复降御篆飞白为赐，天文炳焕，云日相昭。"宋真宗赵恒到泰山封禅的时候，更是驻跸灵岩寺，给灵岩寺留下了无上的荣光，为此甚至还留下了一处遗迹"饮马溪"。相传，赵恒骑着白马到灵岩寺的时候，御马见沟中流水，仰天长啸，赵恒和御马心意相通，于是解开马鞍绳索，让它去饮用此水。不想御马刚刚下水，随行士兵就看到水中出现一条青螭（没有角的青龙），鼓着鬃毛游过，有见多识广的人说这是马的精气在溪水里现形。于是，灵岩寺北溪正式改名为"饮马溪"。

除了驻跸和赐御书以外，宋真宗景德初年间，灵岩寺还受到了赵恒的正式封赐，被赐名为"景德灵岩禅寺"。但是在具体的扶持上他极为克制，完全不像杨坚、武则天这样大肆封赏寺院，所以虽然灵岩寺能得皇室敕赐御书寺名，除了提高政治地位，对于灵岩寺实际发展来说并无多大的帮助。乃至北宋致和二年（公元1055年）长清县县尉张公亮在《齐州景德灵岩寺记》中感叹道："庆历、皇祐间荐饥，旧供者千百，无一二至，僧徒解散，仅有存焉。"虽然起因是闹饥荒，但是灵岩寺居然到了僧徒解散、难以为继的窘境，足以说明其内部确实遇到了一些问题。

三、内外矛盾

时人在宋初描绘灵岩寺景象的时候，说"齐州灵岩寺在山谷，去州县遥远，有僧行一二百人，遂其四方烧香，送供人施利颇多"，然而到了宋致和二年（公元1055年），原本有一二百人、四方香客云集的灵岩寺却到了"僧徒解散，仅有存焉"的窘迫境地。按理来说，当时天下已经大统，并无针对佛教的灾难，全国各地佛寺恢复，一派欣欣向荣之象，为何灵岩寺却衰弱了呢？这个问题，我们要从当时山东诸地的外部环境以及灵岩寺本身的内部矛盾说起。

前文我们已经论及，宋初其他地方，特别是南方佛教可谓一片欣欣向荣，唯独山东地区差强人意，如当时用来度人为僧的戒坛，山东地区仅有四座，分设于青州、郓州、徐州和登州，与之对比的江南路却足足有14座，两浙为15座。再者我们提及从宋初到宋真宗年间，经过一段时间的发展，全国僧侣已经近四十万，可山东地区作为北宋的核心区域和佛教发展中心，虽人员集中，却不足两万。由此可见，宋初年间衰弱的不仅仅是灵岩寺，而是整个山东佛教。

当时人们已经注意到了山东地区佛教发展滞后的原因，并得出结论是"山东朴鲁，非江浙比，俗不为僧道，故寺观绝少。"人们认为由于齐鲁大地是儒学最主要的根据地，儒学底蕴根深蒂固，当地民众深受儒家思想的影响，所以对于佛教有着天然的排斥。

等到北宋一统，儒学开始呈现复兴趋势的时候，它们首先针对的就是佛教，如当时山东儒学扛旗人物，泰山学派的孙复就作《儒辱》，喊出"儒者得不鸣鼓而攻之"，认为佛教兴盛是儒者的失败和最大侮辱，想要团结天下儒士来对抗佛教。与孙复同为"宋初三先生"的石介则强调佛教和儒学无法调和的对立性，认为"佛、老以妖妄怪诞之教坏乱之……破碎我圣人之道"。他们都是当时北宋初年副相范仲淹的门下客，更是宋朝理学的先驱，在当时享有巨大声望。所以，他们反对佛教的呼吁，对在山东的儒生学子来说，有着非常大的影响力。如当时文坛领袖、山东巨野人王禹偁便直接向宋真宗公开上书，认为僧、尼"不蚕而衣，不耕而食"，大肆建造寺庙会耗费太多国家资产，甚至认为如果佛祖有灵，都

泰山先生孙复之墓

应该知道这样是不对的，应该二十年不度人、不修寺，让佛教自行消散，方为利国利民之举。山东佛教有着如此严峻的形势，相对于其他地区来说，其发展难度可想而知，空有巨大的寺院，香火寥寥，许多寺院出现无人可度、无法为继的情况。

　　如果说这个时候灵岩寺不行是因为没有跟上潮流，那么另一项因素却是真正其自身的不正当。当时山东佛教的僧众泥沙混杂，素质参差不齐。由于僧侣不需要缴纳赋税，自五代十国以来假和尚、假尼姑以及依附于寺院经济，以好吃懒做为目的的僧侣就越来越多，而这一情况到了山东地区尤其严重，甚至连同为山东籍的官员都看不下去，宋仁宗朝的名相、青州人王曾就说："僧人皆堕、农游手之人，无益政化。"还有一个重要原因是北宋在山东驻扎了十万多的禁、厢诸军，有些士兵在服役过程中当了逃兵，为了躲避罪责，上山出家几近成了最好的选择。同时还有些作奸犯科的罪犯，甚至穷凶极恶犯了人命官司

北宋末年山东梁山泊起义

的，出家亦是最好的逃避，在《水浒传》中，鲁智深和武松在杀人之后皆以出家为躲避，实际上就是取材于北宋时期山东僧侣人员混杂的社会现实。因此，当时人们对于山东僧侣印象很不好，诸如"民尤暴悍，轻为寇劫""劫盗有一伙之中全是僧、行者""无图之流皆得隶名僧籍，而僧之为盗贼、冒刑禁者不可胜计"的文献记载不少，在这种情况之下，山东佛教想要向前发展，可谓难上加难。

灵岩寺作为山东名寺，亦受此影响严重。如《灵岩志》就说"诸处浮浪聚集，兼本寺庄田不少，全籍有心力僧人住持主管"，结果不久，灵岩寺不仅受外面影响，连自己的僧众都变得鱼龙混杂，"（灵岩寺）素来最是凶恶，浮浪聚集，前后之六七次住持不得"。为此，灵岩寺的住持不得不带领十余个心腹青壮僧人做贴身保护，才能在寺中站稳脚跟，更别谈发展寺务了。齐州知州王临还曾上奏："州有灵岩寺，地课几万缗，皆为僧徒盗隐。"也就是说灵岩寺虽然经济实力雄厚，但是全部被中饱私囊了。

四、琼环长老

北宋前期的灵岩寺有这样或那样的问题，这并不代表灵岩寺就是完全停滞不前的。在这段时期内，灵岩寺不仅对许多前朝所遗留下来的建筑，如五花殿、千佛殿、辟支塔等进行了翻修重建，让我们依旧可以看到它们的身姿，与此同时还有彩塑罗汉这种震惊中外的文物。而当我们赞美灵岩寺在北宋前期所取得的这些成就时，不得不提到一个人物，那就是宋仁宗朝的灵岩寺住持琼环长老。

琼环长老，何时为灵岩寺住持已不可考。由灵岩寺僧众推举得任住持，他除了德高望重以外，治寺管理水平也极高。在他的管理下，灵岩寺逐渐从后周世宗灭佛的法难中恢复元气，香火鼎盛，名声日隆，而且寺院经济也颇为丰厚。《灵岩志》对此描述："寺之殿堂、廊庑、厨库、僧房，间总五百四十。僧百，行童百有五十，举全数也。每岁孟春迄首夏，四向千里，居民老幼，匍匐而来，散财施宝，唯恐不及。岁入数千缗，斋粥之余，羡盈积多。"要知道在当时情况下，琼环长老还能够将灵岩寺打理得井井有条，在各个方面都不输其余寺院，足见其能力。更为重要的是，琼环长老使得灵岩寺名气恢复，也让更多的香客愿意布施。到了庆历、皇祐年间，由于山东大旱，官府放松了对灵岩寺财务的干涉，灵岩寺的经济状况"虽财货所殖非复囊时之盛，而方袍圆顶，得意宴坐。"意思就是虽然收入少了，但是因为官府的放松，反倒让灵岩寺的毛利增多，寺院资产自然充盈。

　　有了雄厚的物质基础，琼环长老开始对因两次法难以及五代十国战乱所破坏的寺院建筑来了一次彻底大修，并补建一些庙宇殿堂。首先是景祐年间（公元1034~1038年）于大雄宝殿的北面修建的五花殿，该殿精致壮观，建成之后随即成为灵岩寺的标志性建筑之一，因此又名"灵岩阁"以及"五花阁"。可惜的是，该殿于清末毁于大火，现仅存前门八棱石柱及覆莲柱础。石柱上刻龙、儿童、牡丹花、宝相花、卷草等图案，刻工精湛，拥有极高的艺术价值。明朝人王裕在《灵岩寺重修五花殿记》中对明朝正统年间（公元1436~1449年）僧志昂重建灵岩寺时曾描绘五花殿样式，"宋太平兴国中，乃建五花殿于法堂之前。重檐叠拱，上峙三级，下施四楹，丹垩彩藻，为天下第一。"马大相在《灵岩志》中也说："架阁两层，龟首四出，备极壮丽。"可见五花殿是灵岩寺花费了重金所修建的，可谓盛极一时。不过这里需要注意的是，《灵岩志》中说五花殿为重修，但是琼环长老之前并无五花殿的记载，且《灵岩志·建置志》中也说："五花殿，在弥勒殿南，摩顶松左，宋嘉祐中，琼环长老创建。"由此可见五花殿当为琼环长老所初建。

　　唐贞观年间，慧崇禅师为灵岩寺修建了寺院中的核心建筑大雄宝殿，即现在的千佛殿。然而，经过两次法难和战乱，千佛殿在北宋初年损坏严重。为此，在琼环长老的主持下，灵岩寺对千佛殿进行了声势浩大的重修。根据《灵岩寺千佛殿碑》上的碑刻记载，当时为了重修千佛殿，灵岩寺所募集到的捐资者衔名多达27行，可见灵岩寺当时声名远播，香客信徒之慷慨，也说明了琼环长老当时在泰山地区的影响力。千佛殿的修复工作完成，标志着灵岩寺基本恢复了唐武宗灭佛之前的繁华程度。后人评价"厥后有僧琼环者，次第以轮奂，其如土木之华、绘塑之美、泉石之丽、草木之秀，森森然棋布前后，远者咸以耳闻之，近音咸以目观之。"一方面是说琼环长老审美好，对寺内环境的整治以及景观布置有着颇高的水平，另一方面自然也是对琼环长老住持灵岩寺的肯定。《灵岩寺志》中也说："景德众，主僧琼环者，即众堂东架殿两层，龟首四出，南向安观音像……后主事者，复植殿之两楹。辟正门，叠石填洞；为回廊，庭除显广，乃为大壮。"从这里来看，琼环长老还为灵岩寺后续的建设指明方向，让继任者更为容易地治理灵岩寺，可谓用心良苦。

琼环长老不仅在寺内德高望重，其贡献亦为外人称道。张公亮就在《齐州景德灵岩寺记》中称赞曰："庆历三年（公元1043年），予为长清尉。寺居封内，周览绝景，不知属厥，余三则未之见也……他日因具道山水奇伟，经始肯构，盛衰本末，附勒于石。或模之远方，俾未游者见之，一览如目击，且使知

五花殿遗址

灵迹巨丽，信为一绝，得意校雄胜于三者云。"这段主要说的就是张公亮前后两次游灵岩寺，见到在琼环长老的管理之下变化之大，令其惊叹不已。

五、结社修塔

除了以上贡献外，琼环长老在其任内还做了一件非常重要的事情，那就是重修灵岩寺最为著名的建筑——辟支塔。在之前我们推测辟支塔始建于隋，但是根据《灵岩志》记载，辟支塔始建于唐天宝中，宋嘉祐中又重修，到元代又修了一次。然而现在辟支塔所呈现的密檐楼阁式砖塔结构却又是典型的宋辽金时期的建筑风格，为什么会有如此矛盾的地方呢？

关于这件事，我们只能结合历史文献以及辟支塔的样式进行一个合理的推断。首先，现鲁班洞内石壁上有一侧题记："石作王万于淳华五年岁次甲午仲秋月重回，塔基做八角。"这里说的是，早在北宋淳华五年（公元994年）灵岩寺僧众就开始重新修建辟支塔了，而这次修建是从最基础的塔基开始的。一般情况下我们维修古建筑都是进行更换瓦片以及梁等易损物件，而从基础开始修建则表明几乎是完全重建式的修建，这里有两个可能，一是原址修建，二则是非原址修建，无论是哪种，都说明先前所修建的辟支塔在历史动荡中可能已经荡然无存了。那是不是这样呢？我们接下去看。

在辟支塔第五层西外壁上镶嵌有一块碑刻，上云："庚申岁次庆历四年三月七日修□四序五□塔记。"这里我们得知到了庆历四年（公元1044年）方才修到第五级。除此以外，在塔东南外壁和第一层塔心柱上还镶有一块修塔的十方功德碑，时间为嘉祐二年（公元1057年）到嘉祐三年（公元1058年），在碑上题名所记之人多达3 000人，分布在泰山一周20余县，即"所列男女姓氏越三千人，皆助钱修塔者"。同时上述辟支塔第五层西外壁上也有"齐州禹城县西伍德□□□□□镇结社千人邑共修灵岩寺□宝塔"字样。我们把这些内容都结合起来，就可以大致理清北宋初年灵岩寺重修辟支塔的事件了，它是灵岩寺众僧从北宋淳华五年开始修建，花费了整整六十年时间，直到嘉祐二年（公元

1057年）才完全修好的一座塔，并且为了修塔，灵岩寺筹集了泰山周边20余县共3 000多人的募捐。

由此可见，灵岩寺在发展中是颇受民间佛教结社的资金支持的，花费了整整六十年时间，灵岩寺重新修建了辟支塔，这哪是重修，完完全全是重建，这也解释了为什么现存辟支塔是完全的宋辽样式，找不到一点隋唐的痕迹。北宋张公亮就在《齐州景德灵岩寺记》中说："寺有石三门，千佛殿、般舟殿、辟支塔，皆古刹"，这说明在隋唐时期确实有一座塔叫作辟支塔。只是那时所修建的那座辟支塔，到底长什么样的，有多高、多大，我们如今已经无从得知，只有"辟支塔"三个字留了下来，成了嘉祐二年这座塔的名字。以至于曾巩在《灵岩寺兼简重元长老二刘居士》中写道："法定禅房临峭合，辟支灵塔冠层峦。轩窗势耸云林合，钟磬声高鸟道盘。白鹤已飞泉自涌，青龙无迹洞常寒。更闻雷远相从乐，世道嚣尘岂可干。"

关于宋朝重修辟支塔的样式建造和外貌，之前章节已有介绍，就不再赘述了。1995年山东省文物局对灵岩寺进行考古挖掘时，于埋没的辟支塔塔基上所意外发现的40幅讲述阿育王生平的阿育王浮雕（现残存可辨37幅），是目前我国所发现唯一一处刻于塔基上的阿育王浮雕，保存比较完整，雕刻栩栩如生、清晰可辨，是不可多得的珍贵文物。在前文我们曾论及隋文帝杨坚曾自认为阿育王转世，使得阿育王崇拜在当时的中国进入巅峰时期。这里并无法得知原先的辟支塔是否有阿育王浮雕，所以亦无法得知是否嘉祐二年重建的辟支塔沿用了该雕刻重新雕琢于新塔之上。除此之外，长清县另一座寺院真阳院中还有一座全阳塔，根据苏轼所作的《齐州长清县真阳院释迦舍利塔铭并叙》中"洞庭之南，有阿育王塔，分葬释迦如来舍利"之句，我们也可得知阿育王信仰的舍利塔，在当时并不是只有灵岩寺有，真阳院全阳塔也是。

毫无疑问，辟支塔是灵岩寺知名度最高的建筑，更是灵岩寺的象征之一，在十分困难的局势下，灵岩寺还花费六十年时间，募集超过3 000人的资金重建此塔，既说明了辟支塔对于灵岩寺的重要程度，也是灵岩寺自身锲而不舍的精神和强大的地区影响力的反映。

六、彩塑罗汉

说完灵岩寺最知名的建筑辟支塔，我们再来说说灵岩寺另外一项"天下第一"，同时也是灵岩寺的"镇寺之宝"——始塑于治平二年（公元1065年）的灵岩寺四十尊彩塑罗汉像。

灵岩寺的千佛殿内，塑有四十尊彩塑罗汉像，它们高155厘米左右，比真人略大，坐落于壁檐一周高83厘米的台座上，以大殿中轴线为界东西两侧各二十尊，由南向北依次称西第一尊至西第二十尊，东第一尊至东第二十尊。当你第一眼看到的时候，可能会觉得这不过是其他寺院中常见的，稀松平常的罗汉像；可当你再仔细观看的时候，却又发现这些泥塑雕像栩栩如生，形态百样，眉目不一，虽然身上的袈裟颜色经历岁月侵蚀已然失去了往日的光辉，但依旧可以想象初塑时的艳丽夺目，其复杂繁多的纹饰亦能让你观察揣摩上好一阵。然后，当你缓步走到千佛殿右侧的时候，会看到这里塑着一块略有历史感的石碑，只见上面雕刻有"海内第一名塑"六个大字，用来彰显这四十尊罗汉像非同寻常的身份。

"海内第一名塑"正是我国近代史上著名的思想家、政治家、文学家梁启超于1922年游览灵岩寺时所给予的评价。而对灵岩寺彩塑罗汉如此赞誉的，并不只有梁启超一个人，我国近代著名诗人、剧作家贺敬之曾为之赋诗："传神何妨真画神，神来之笔为写人。灵岩四十罗汉像，个个唤起可谈心。"1983年，我国当代艺术大师刘海粟在参观完千佛殿四十罗汉像后，挥笔写下"灵岩名塑，天下第一，有血有肉，活灵活现"四句批语，道尽灵岩寺彩塑罗汉的巧夺天工。那这四十尊罗汉像到底神奇在哪里，该如何去鉴赏，它们有怎样的历史故事，为何能够得到如此的赞誉呢？

马大相的《灵岩志》中说："前有洞，东西南三门相通，中设罗汉像。"由此可知，最早的时候，其实在灵岩寺各处都有罗汉像。然后，我们根据元代《寿公禅师舍财重建般舟殿》和《妆塑圣像施主题名碑》的记载，其中有"幸有大施主本市僧寿公禅师，特运虔诚施中统宝钞三阡缗，用助大殿缘事……

三十二尊镇山罗汉……承斯妙善。"由此可知，这些罗汉像原先基本存于般舟殿内，当时合计为三十二尊，且彼时这些塑像就已经成为镇寺之宝了。后来到了明朝万历十五年德府重修千佛殿的时候，寺中僧人便把罗汉像迁移到了千佛殿里面。

随着研究的深入，考古人员逐渐发现了这些彩塑罗汉像上更多的秘密。早前的人们只是根据文献中"一千余岁"的说法，推断这些泥塑应该是建于公元一千年左右的宋朝，以至于梁启超参观完千佛殿后题下"灵岩千佛殿宋罗汉造像，海内第一名塑。民国十一年七月新会梁启超题"的字样，其中"宋罗汉像"就是

梁启超手迹

据此文献推断。这四十尊泥像具体建于什么时候，怎么从文献中的三十二尊变成四十尊的，当时的人们一概不知。

时间来到1982年，时任文化部中国文物保护科学技术研究所研究员的胡继高以及其他一些专家受山东省文物局的委托，前往灵岩寺主持维修彩塑罗汉。专家们首先对泥塑的制造工艺展开剖析调查，发现当时的工匠先是拟塑人物的动态，再制造相应罗汉像的胎骨，然后在骨架上扎上芦荟或者谷草绳后用粗泥糊在胎骨上捏成大体形态，待粗泥干后再用黏软的细泥逐层添加，通过捏、塑、贴、压等手法塑出具体形象。细泥干后，接着用榆皮绒、麻筋、细沙、胶泥等合成的泥膏塑造形体表面的细致部分，体现出罗汉塑像大致的表情，符合寺院对罗汉像人物的要求，并在整体干后进行最后的整形，涂以经胶质调和的白垩为底色，再用点、染、刷、涂、描等技法敷彩，刻出细部，对手足、颜面

等肌肤露出的部位涂以油蜡或蛋清，使之呈现柔软、光浮的质感。最后待其风干，整个流光溢彩、栩栩如生、神态各异的罗汉像方才大功告成。

在这一系列调查中，专家们很快就有了重大的发现，他们发现西向第十一尊彩塑罗汉的内胎居然是铁质的，也就是说这是一尊铁造像，而不是木质胎骨的泥塑像，铁座上更有北宋熙宁三年（公元1070年）作品的题字。接着大家又对其他木质胎骨进行放射性碳素断代法测定，测出胎木距今为1020年到1205年之间，很显然这些罗汉并非塑于同一时间。济南市文管局、长清县灵岩寺文管所、济南市博物馆等相关部门一起行动，专家开始对这些泥塑罗汉进行逐个检测，不仅在罗汉体内发现了61枚横跨宋朝百年时间的铜币以及多面宋朝铜镜，而且还在第十七尊罗汉的体腔内发现了木壁上有一行墨书题记，上写"盖忠立，齐州临邑，治平三，六月"。

最后，专家还对泥塑的工艺展开分类，得出一个结论：这四十尊泥塑罗汉，其中三十二尊塑于宋治平三年（公元1066年），创作者是一个叫作盖忠的泥塑工匠。明万历十五年（公元1587年）重修千佛殿之后的几年内，这些泥塑罗汉从般舟殿搬迁到了千佛殿，当时灵岩寺又组织工匠仿造宋泥塑罗汉

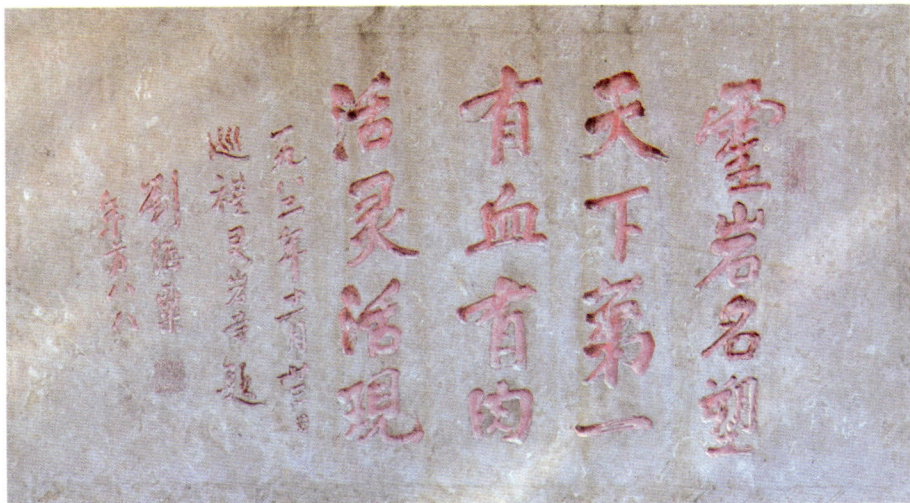

刘海粟手迹

补塑八尊，可惜不论是神情表现还是工艺手法，明制的八尊都远远逊色于宋制。到了清康熙五十三年（公元1714年），净意和尚重修千佛殿时，又对这些罗汉像进行了妆容的补修。同治十三年（公元1874年）再次重修千佛殿的时候，灵岩寺僧众又请工匠为罗汉像重新妆銮敷彩，描绘逐渐褪色的眉毛、胡须以及配饰细节，并在眼睛内镶嵌琉璃珠，使之再次大放异彩，成为灵岩寺的"镇寺之宝"。

　　不论是制造年代之久远，还是保存之完整，都仅仅是灵岩寺彩塑罗汉的特点之一，真正令其被誉为"海内第一名塑"的，则是这些罗汉像展现出的超高的写实技巧。造像者不受佛教造像仪轨的束缚，完全以现实中的和尚为素材，用年龄和形态动作来表现罗汉像的人物特征、情绪等，使得这些泥塑罗汉各个好似鲜活的和尚一样站在人们的面前，达到了我国泥塑罗汉艺术的巅峰。

　　唐玄奘于贞观年间译《法注记》之后，罗汉信仰便在中国开始广泛传播，到了唐末，寺庙中已经开始流行塑罗汉像进行供奉，不过这个时候的罗汉像大多数是浪漫主义的雕塑手法，人物形象夸张。宋朝以后，各大寺庙开始设罗汉堂，又从单一的罗汉信仰衍生到十六罗汉、十八罗汉以及五百罗汉，宋人又为这些罗汉创立名号。宋朝之前罗汉是没有名字的，当然更无形象外貌记载，所以，人们在塑造罗汉像的时候，要么以高僧的形象为蓝本，要么就照着胡僧的外貌塑。于是，当时社会上形成了两种塑罗汉的风格，以贯休为代表的"禅月样"和以李公麟为代表的"龙眠样"。前者造型大多数以梵僧为主，表情奇特夸张，具浪漫主义风格（是唐朝罗汉像的典型特征）；后者以写实主义的风格为主（是北宋以后罗汉像的主要特征）。当然，这和宋朝当时的社会情况也是息息相关的。由于宋朝羸弱，特别是边疆频受西夏、辽国的侵扰，自然不可能像唐朝那样大谈浪漫主义，再加上北宋市场经济发达，老百姓更注重自身个人的表达，影响到罗汉塑像，就更偏向现实表达。

　　除此以外，灵岩寺的罗汉像还受禅宗思想影响巨大，在上一章中我们提及灵岩寺是当时禅宗北宗在北方最为著名的道场之一。在禅宗思想的影响下，灵岩寺的罗汉像也以禅师为摹本，其中更有多人为现实中所存在的人物，在种种因素的影响下，以至于这些罗汉像不仅摆脱了佛教造像的固定模式，没有佛像那种浓厚的庄重威严感，其表情也更多样化，世俗化，姿态生动，神情万千。

从西侧由南向北看，西第一尊罗汉乃庐山莲社慧远和尚。该塑像结跏趺坐，衣摆自然下垂至地面，褶皱层次分明，其双手交叠，掌心向上，略成定印。慧远和尚的僧服由红、蓝、白三色组成，上带有吉祥花纹以及黄色的束腰，俨然一副坐禅修行的模样。毫无疑问，慧远和尚是历史中真实存在的人物，他是东晋时高僧，净土宗始祖，因庐山修行，后又建立东林寺成为我国佛教净土宗的发源地，基于其对我国佛教发展的重大贡献，晋安帝义熙年间被赐封号"庐山尊者""鸿胪大师"及"白莲社主"。

相对应的，东侧第一尊则是大名鼎鼎的东土第一祖师菩提达摩。该像结跏趺坐，头顶布帽，右手叠于左手之上，掌心向上施禅定印，和慧远和尚一样都是标准的参禅入定模样。菩提达摩，我们一般尊称为达摩祖师，他是南印度人，自称佛传禅宗第二十八祖，南朝梁时期自印度通过海路到达广州，于洛阳、嵩山等地传授禅教，所以也是中国禅宗的始祖。

慧远和尚之后，从西侧接下去分别是第二尊罗汉双手抬至头部，右手半握

罗汉像之菩提达摩

举至眼睛上方，左手在脸前微握的密行罗睺罗尊者；第三尊罗汉游戏坐，右腿垂于地面，左腿放在椅面，左手在腹部前面握莲花拳，右手捏指微高于左手的须波陀菩提尊者；第四尊罗汉倚坐，右臂握拳抬至平肩，左手自然放在大腿上的解空须菩提尊者；第五尊罗汉半结跏趺坐，头部侧目低视，顺着视线是右手抬起食指指下，左手拎着右手衣袖的鹙鹭舍利弗尊者。

另一边的东侧第二尊罗汉是摩诃迦叶尊者，他半结跏趺坐半倚坐，身体微微向右倾，左臂抬起，掌心向外，右手拉住左衣袖，防止下垂，类似一个请的姿势；第三尊罗汉是摩诃俱希罗尊者，同样也是半结跏趺坐半倚坐，右腿盘坐，左腿自然下垂。左手抓着椅子扶手，右臂则弯曲搭在椅子上，头部微抬侧目向右，颇为随意闲情；第四尊为摩诃迦旃延尊者，半结跏趺坐半倚坐，左臂抬高至肩膀，手结印，右手同样抬至胸口结印，眼神低微向下；第五尊罗汉是迦留陀夷尊者，他左腿弯曲抬高，右腿盘坐，双臂环绕左腿成握，头部上仰向左，可谓不拘一格。

再回到西侧，第六尊罗汉是灵山会上波陀夷尊者，他倚坐台上，袒胸露乳，头部右侧靠在握拳的左手上，右手又抬起放在左手和胸口的夹缝处；第七尊罗汉是天台醉菩提济颠和尚，也就是大名鼎鼎的济公，他倚坐台上，双手抬起做无奈状，头侧面；第八尊罗汉为忍辱无嗔伏虎尊者，半结跏趺坐半倚坐，右腿盘曲，右手抬起向右边伸出，手指呈剑印，左手抓住右衣袖角；第九尊罗汉为摩诃劫宾那尊者，倚坐，左手微抬，掌心向上手指相捻结法印，右手抬胸前做握拳，眼神向下注视；第十尊罗汉为宾头卢婆罗多尊者，他半结跏趺坐，双腿盘起相叠，左右手俱抬高，右手在脖颈处，左手在胸前，掌心相向，注视前方，似有顿悟。

在东侧，第六尊罗汉交脚坐，右手抓右腿僧衣，左手倚靠在椅子上自然下垂，头部向左微侧，似乎在聆听些什么，为牛呵比丘尊者；第七尊罗汉半结跏趺坐，双腿盘坐，左手握在左腿上，右手抬高在胸前结印，好似说法，为定鼎玉林琇国师；第八尊罗汉倚坐，双手在胸前相握，头部左侧，似在思考，为无念如音阿那尊者；第九尊罗汉结跏趺坐右手抬起向右前指出，左手持方巾在胸

宋代彩塑罗汉

前。他头部右侧，疑似与右边的塑像激烈辩论着，为精进比丘鬼逼禅师；第十尊罗汉半结跏趺坐半倚坐，右腿盘坐在左腿上，右手臂上举食指指天，左手抓住右手衣袖，头部向左侧，恰好与精进比丘鬼逼禅师相对应，为东土摩诃菩提尊者。

再看西侧，第十一尊罗汉为摩诃罗老比丘尊者，倚坐，双手抱拳于胸口，有点像在行见面礼；第十二尊罗汉是我们非常熟悉的灵岩寺法定禅师，他双腿盘坐，双臂抬举，在胸前成抱，掌心向内，头部微垂视野向下，应该是禅定前调整呼吸的动作；第十三尊罗汉则是灵岩寺祖师朗公，他半结跏趺坐半倚坐在台上，右腿靠在左腿上，右臂抬起肩高向右一指，左手随意放置，身子微微前倾；第十四尊罗汉是降伏外道均菩提沙弥和尚，半结跏趺坐半倚坐在台上，双腿盘曲，目光注视前方左右手，而手在胸口好似穿针引线，作小心翼翼状；第十五尊罗汉是神力移山金刚比丘尊者，半结跏趺坐，右腿随意一盘，左右手高举过胸相互握拳，眼神注视前方，似礼仪动作；第十六尊罗汉是宋仁钦和尚，他是宋徽宗年间的灵岩寺住持，倚坐，双腿下垂，左右手抬至胸口，似在算计着什么；第十七尊罗汉是衲子密行之神尊者，倚坐，左右手掌心向上随意叠放在腿间，头微微左侧；第十八尊罗汉是太湖慧可神光尊者，游戏坐，左臂搭在左膝上，右手伸出向下指，头部向右微倾，与边上的衲子密行之神尊者结合，刚好是一个在解说，一个在倾听，相得益彰，颇为生趣；第十九尊罗汉是天台演教智颢大师，他是中国佛教天台宗创始人和祖师之一，半结跏趺坐半倚坐在台上，左臂微微抬高和腰齐，掌心向外指向左边，右手掌心向下放在盘曲在台上的右腿上；第二十尊罗汉是律藏会上优玻离尊者，半结跏趺坐半倚坐，左手放在左膝盖上，右手抬起做说法印，头部右倾，似乎和智颢大师在交流。

最后是东侧的十尊罗汉，第十一尊罗汉是阿瓮楼陀尊者，他倚坐在台上，左手放在左腿上，右臂搭在座椅上，头部右侧，神情轻松；第十二尊罗汉是降龙菩提无阁禅师，倚坐，左手扶椅，右手抬起放在颈前结印，嘴巴微启，似在说法，和阿瓮楼陀尊者结合刚好是一个说一个听；第十三尊罗汉是云山牧牛难陀尊者，他结跏趺坐，左手放置在左腿，右臂抬高向前做请状；第十四尊罗汉为摩诃鸠摩罗什大师，鸠摩罗什和玄奘、不空、真谛共同被称为中国佛教四大译经家，且位列其首。该像半结跏趺坐半倚坐，双手向右抬高，右手虚握拳，左手掌心向上，目光向前；第十五尊罗汉像为天贝高峰妙禅师，半结跏趺坐半倚坐在台上，左手抬高持方巾，右手在胸前持针，分明就是一副缝补方巾的模样；第十六尊天童密云悟祖和尚，倚坐，双臂抬高至胸前，右手残；第十七尊是双桂堂神通破山和尚，结跏趺坐，双手抬至肩高，左手结印，右手微握，目视远方；第十八尊为多闻阿难陀尊者，右脚踩在石座上，上搭右手自然下垂，左脚盘坐，左手撑在台上，目视下方，好似深思；第十九尊摩诃大目犍连尊者，倚坐，双手相交放在腿上，侧目沉思；最后一尊孙陀罗难尊者，结跏趺坐，双腿盘曲，左手抬高在胸，虚握一拳，右手在腹前，掌心向上，其头部低垂，想来也是入定了。

可以看到，灵岩寺的罗汉像除了动作、仪态活灵活现以外，塑造者甚至连脸部肌肉和眼角、嘴角的神态都照顾到了，通过细致刻画来表现罗汉或讲座、或辩论、或倾听、或禅定，同时还不忘颈部的喉结、锁骨的突出，甚至隐隐有血管的痕迹，细节之妙令人惊叹。刘海粟说这些罗汉像"有血有肉"了，贺敬之还说它们"唤起可谈心",因为其中两两相对似在交流谈心的罗汉有好几尊。除了泥塑表情的精湛以外,罗汉像衣饰纹样种类也是非常复杂多样,甚至远远超过了佛教仪轨的范畴,如民间比较喜欢,象征着富贵吉祥的牡丹、寿桃和石榴,还有文人士族偏爱的梅、兰、竹、菊纹饰等,在这些罗汉像上皆有运用。当我们和之前所说的宋朝罗汉塑像偏向世俗化的风格结合在一起,再加上四十尊泥塑罗汉中不仅有迦叶、济公等原有的神话罗汉,也有法定、朗公等其他寺庙中找不到的,和灵岩寺息息相关的现实人物。

当然,作为灵岩寺的"镇寺之宝",这四十尊彩塑罗汉身上还有许多没有解开的谜团。例如其身份之谜。在这些罗汉的身后皆有题其身份的木牌榜题,以此来辨认罗汉塑像的身份,但由于原木牌因年久遗失,故而不全,所以我们现在所说的罗汉名字和身份实际上有好几个都是后来灵岩寺僧人们随便从佛经上抄了几个罗汉名字给补上去的,这里东侧第七尊木牌上写着定鼎玉林琇国师,他又叫作玉林通琇禅师,是清初的高僧,于北京万善殿传法,顺治皇帝赐"大觉禅师"封号,后来又晋封"大觉普济禅师"和"大觉普济能仁国师",为一代高僧。给他塑罗汉像也算合情合理,可问题是清朝的时候灵岩寺四十尊罗汉像早就塑完了,怎么可能会是塑的他?还有就是这里同时出现了迦叶尊者和降龙罗汉,这两个罗汉在十八罗汉中是指同一个人,为什么有两尊雕像?目前灵岩寺的四十尊罗汉到底是塑的谁,能否一个个都确定,还是一个未解开的谜题。

在灵岩寺原十王殿大门外有一块石碑叫作《施五百罗汉记碑》,今存山门内东侧西向,该碑高101厘米、宽93厘米。碑阳23行,满行19字,共423字,刻于宋宣和六年(公元1124年),其中最主要的一段记载为:"济南,京东大都也,灵岩巨刹,佛事最盛,而五百罗汉之像,未观其杰,齐古窃有志于是久矣。政和之初,得闽官中……尽以付工人,洎乎终更二五百之像成矣。端严妙严,奇魔古怪,颦笑观听,俯仰动静,无一不尽其态。自闽而北,水陆几五千里而后至于齐之灵岩寺……住持妙空大师净如上石。"说的是宋朝有个叫作齐古的人非常仰慕灵岩寺,可是灵岩寺却没有当时寺院中流行的五百罗汉堂,所以等到他到福建中部做官的时候,就省吃俭用,叫工匠打造了五百罗汉像,再

罗汉像

通过水路运送到灵岩寺，记述这段话的人为当时灵岩寺住持妙空大师。也正是因为有这一段故事，所以日本学者大村西崖在其《中国美术史》中认为现在灵岩寺四十尊罗汉像乃是齐古施捐给灵岩寺五百罗汉像的残存品——之后国内诸多学者认可这一说法。

但是《施五百罗汉记碑》对五百罗汉像的描述是"内辨其质，莫非雕木，外睹其饰，盖是明金"，也就是说齐古给灵岩寺的罗汉像都是木头的，外面贴有明金，绝不是如今这种彩绘泥塑的。毕竟从现实角度来说，五百泥塑罗汉像用水路运送到千里之外的灵岩寺，不仅需要齐古根本负担不起的财力物力，更是一遇水或者出点意外就是前功尽弃，而木雕就没有这个担忧，并且极有可能只是小型的雕木罗汉像，毕竟所需物资摆在这里。非常可惜的是，木雕本身极难保存，更别说贴有明金的，这五百罗汉像早已不知去处。

不过，根据我们上一章所说的山东民间佛教结社帮助灵岩寺重建辟支塔的事迹来看，这四十尊罗汉像基本也是当时灵岩寺采用民间佛教结社所捐物资雕塑的了。只是不像辟支塔一样立有捐赠碑，所以迄今为止这四十尊罗汉像到底是哪里来的，依旧是个谜。

而关于灵岩寺罗汉像最为著名的一个谜团，就是1983年那批专家在西起第八尊罗汉像的体内发现了一副丝制的内脏，这内脏应该是雕塑师放置的了，那么他为什么放里面呢？是为了使得罗汉像更加写实么？有人认为这是宋朝雕塑家对于人体解剖知识了解程度的象征，可是孤证难立，为何其他罗汉像没有，仅有这一副？到底是不是雕塑家，也就是盖忠放的？这副丝制内脏的来历成了灵岩寺罗汉像中最大且最令人想要解开的谜团。

作为灵岩寺的"镇寺之宝"和全世界现存独一无二的宋代彩绘写实泥塑，灵岩寺这四十尊罗汉像不仅拥有极高的艺术鉴赏价值和文物研究价值，可以说是不可多得的中华遗产。难能可贵的是，这一切都是在宋初那个山东佛教凋零，灵岩寺不复当年盛态的时候所完成的。在外人眼中这千年古寺已然凋零，但是其所迸发出的能量依旧不容小觑，灵岩寺就是灵岩寺，它拥有千年古寺深不可测的底蕴。

七、十方寺碑

宋神宗熙宁年之后，伴随着改变整个北宋格局的王安石变法，灵岩寺自上而下也进行了一次重大的改革创新。特别是苏轼、苏辙、曾巩等北宋政治家就任山东地方长官之后，也为灵岩寺带来了一股全新的风气，不仅让灵岩寺恢复了作为"域内四绝"的繁华，而且还更上一层楼。

在唐朝中前期，灵岩寺所实行的管理制度都是三纲制。所谓三纲制，即政府任命僧侣中德行高尚者为上座，全权管理佛院的一切事务。上座之下为寺主，负责全寺日常事务；寺主下则为"维那"，主持寺庙佛教活动。其中，上座可以算是朝廷派遣的基层僧官，而寺主和"维那"则是本寺德高望重的僧侣，这是一种官方和地方相结合的管理模式。义净禅师受武则天赏识时就被派遣到灵岩寺担任过一段时间的上座，而灵岩寺出去的高僧慧斌禅师也曾被李世民任为京师弘福寺上座住持，这都可以算是朝廷派遣。在《灵岩寺颂碑》中，我们也可以看到李邕在撰述的时候，是把上座僧玄景排在都维那僧志祥和寺主安禅前面的。然而，到了唐后期大中八年（公元854年）的《修方山证明功德记》中，我们却看到这样一段记述："寺主僧从□、上座僧雅□施□□文、□维那僧继思施伍佰□，典座僧□□施五百文，□岁僧行方□□百□……"，这段磨损很多的记载，内容似乎是一个捐款名单，但是从中我们可以看出，在唐后期寺主的地位已经凌驾于上座之上，也就是说灵岩寺的管理层从三纲制转变为丛林两序制，

曾担任山东密州知州的苏轼

寺院的权力为本寺寺主所把持，外人无法干预。而后又演化成甲乙徒弟制，为此王安石曾一针见血地指出灵岩寺的弊端，认为灵岩寺衰落是因为院中受业徒弟与浮浪之人拉帮结伙使禅寺荒废。

在这种情况之下，一件事情的发生，让朝廷找到了整顿灵岩寺的突破口。宋神宗熙宁三年（公元1070年），灵岩寺住持僧永义向当时齐州府衙上状纸，请辞灵岩寺的寺主之位。很显然，僧永义应该是在灵岩寺利益帮派之争中败下阵来，受到排挤待不住，便打算直接请辞调走。同年八月，北宋政府颁布了以王安石领衔的《敕牒》，对灵岩寺进行了大刀阔斧的改革，灵岩寺也改名为"十方灵岩禅寺"，同时刻碑《敕赐十方灵岩寺碑》立于寺中。该碑原在灵岩寺天王殿内左侧西向，现天王殿外东侧，是目前唯一记载北宋建立到熙宁四年（公元1071年）十一月京外敕差住持定夺详情文献。碑阳21行，满行70字，共1 139字；碑阴有17行，满行39字，共420字；碑左侧7行，满行11字，共61字，三面合计1 620字，保存完好无遗。碑文是研究北宋佛教史的重要依据，让我们对宋朝朝廷对佛教管理的制度化和官僚化，佛教平民化和世俗化都有一个更为直观的了解，史学价值无法估量。

在碑文一开始，讲述了灵岩寺原住持僧永义一心修行，无力承担寺主之责。而灵岩寺却聚集着众多不法之徒，侵吞寺院资产，所以本州县向开封府禀报，要选取一位有能力的人来充当新的寺主，并且能够"辨认觉察"，不再让鱼龙混杂的人在灵岩寺聚集。

紧接着便转移到了整个改革内容的核心，在这之前，灵岩寺寺主选举采用的是甲乙师徒制，皆由寺庙自行举荐，极易形成利益帮派，所以这次要求朝廷从左右街僧司里选取有德行有能力的人来当寺主，再选取五六七个僧人一起来充当灵岩寺的掌事，共同管理寺院。第一段结束，最后三个字为"依十方"。这里给大家解释一下，左右街僧司即宋朝设立的僧录司制度，其直接由开封府指挥，其中僧录是两街僧录司的常设正员，为当时佛教界德才兼备的领袖人物，同时他们都是经过皇帝敕牒形式昭告天下，末尾有宰相王安石画押的朝廷正式僧官。换句话说，僧录司里面的成员都是得到国家认可的。灵岩寺改名为"十方灵岩禅寺"，这不仅只是多了两个字"十方"，而是之前的灵岩寺多为自治，除了禅宗北宗以外，其他宗派无法融入其内，但是之后灵岩寺就要容纳十方，住持人选也是从"十方"也就是全国僧录司中挑选。

很显然，北宋的佛教改革，一方面笼络了具有代表性的领袖僧人任国家公职，昭示着北宋佛教管理的官僚化；第二向寺院派遣这些僧录管理寺院，也代表着宗教为世俗政权所掌控，使得佛教管理更加制度化。宋朝时期佛教的经济已经完全纳入国家的财税系统。

第二段开始，大致说的是经过两街僧录司智林禅师等人的讨论，确定让左街定力禅院讲《圆觉经》的行详禅师为灵岩寺住持。但是这条敕令需要齐州、京东路转运司、开封府、左右街僧录司和中书省共同出具保明状，同时还要皇帝降圣旨，最终由宋神宗赵顼亲自确定，即碑文中的"圣旨选差"。这里表明了当时选举寺院住持之严格，以及所派住持的规格之高、身份之尊贵，也从侧面反映了北宋朝廷对灵岩寺的重视程度，以及其政治地位之高。

第二段的下半部分则论及了一些针对寺院弊政的补救措施。到了第三段，为了彻底控制寺院，又加了一句且"院中受业徒弟并不得差作知事勾当"，说白了这是直接架空了灵岩寺原本的势力，加强了官府对于寺院的控制和管理。这里很多人会觉得朝廷干预过多，简直一点都不给灵岩寺僧侣自主权力，但实际上这都是有前车之鉴的。灵岩寺上一任住持僧永义是熙宁二年由朝廷派遣的"玉京选士得高僧"，当时山东齐州历城籍工部侍郎张掞就赠诗给僧永义，希望他能够"顾我旧山泉石美，澌除诸恶赖贤能"，没有想到，上任仅仅一年，僧永义就被灵岩寺原本的受业弟子排挤，最后不得不找借口请辞住持身份。这才导致了朝廷再派遣行详禅师就任灵岩寺住持的时候，索性全权接管灵岩寺管理职务。对此，张掞又给行详禅师写了一首诗《诗送敕差灵岩寺主大师详公赴寺》，内有"山泉自此增高洁，云集十方结胜缘"两句，算是希望行详禅师能够整顿灵岩寺的美好愿望；同时王安石对于行详禅师此行亦有《诗送灵岩法师》两首赠诗，其中有"雪足莫辞重跰往，东人香火有因缘"以及"两街推许住灵岩，百鸟衔花待师信"表达厚望。而行详禅师自己也说"灵岩寺僻在山谷，徒众颇盛，累因住持人不振，遂致废隳纲纪"，此行将借朝廷之力重整灵岩寺，可谓准备充足。

接下去便是王安石、陈旭、富弼三个北宋朝政大员的画押，可见当时灵岩寺虽然衰落，但是依旧拥有巨大的影响力，即使在整个佛教界，还是位列前排的寺院。

这道敕令，不仅详细描述了北宋佛教改革的种种措施，对于灵岩寺的后续发展来说更是具有着革命性的意义。自此，敕差住持制就此成为灵岩寺的定制，它一方面整治扭转了寺院内部派系斗争，僧众鱼龙混杂，发展停滞不前的困境；另一方面打破了灵岩寺原先由禅宗北宗一手掌控的狭小局面，使之成为与时俱进且包容天下的十方禅寺。

自行详禅师之后，灵岩寺住持的名僧皆有史料可查，且寺院发展迅猛，各宗派争奇斗艳。

八、百家争鸣

在宋神宗改革之后，灵岩寺故步自封现象被打破，作为山东佛教的翘楚，灵岩寺遂呈现百花齐放之态。宋神宗熙宁六年（公元1073年），继行详禅师之后，朝廷委派云门宗仰天元公禅师为灵岩寺新的住持，即"越三年癸丑，仰天元公禅师以云门之宗，始来唱道，自是禅学兴行，丛林改观，是为灵岩初祖。"

云门宗由五代十国高僧云门文偃开创于南汉韶州云门山（今广东乳源县北），在北宋期间极为昌盛。

改革并不是一朝一夕的事，灵岩寺的根基还是禅宗北宗，不可能仅因为朝廷派了几个南禅住持入寺就可以令灵岩寺立马改观。宋徽宗建中靖国元年（公元1101年）朝廷又给灵岩寺新派了一个住持，疏文中说："中间去来化灭，寺主数易，权摄非人，缁旅既来，多失所望；四方瞻礼，因已衰减；下逮于山租、田课、僧用、僧供、寺屋略皆荒落称是。今上嗣位，齐州众求海内高德，得建州净照大师仁钦以闻之朝，即有诏以仁钦为灵岩住持主。"

仁钦禅师就任灵岩寺住持之后，灵岩寺很快大为改观，并逐渐走向兴盛巅峰。

随着灵岩寺恢复以往的盛况，越来越多的香客前往灵岩寺祭拜，甚至包括许多士大夫阶层人士，《灵岩志》载："宣选住持灵岩，创建绝景亭，以宴宾客。重修崇兴桥，以通往来，士大夫咸爱与之游焉。"这说明仁钦禅师重香客游玩体验的举措得到了大家的认可。大观二年（公元1108年）八月，北宋画家郭思登泰山，便特意赶去灵岩寺，与仁钦禅师一会，想来两人相谈甚欢，相见恨晚。

仁钦禅师所留给世人的，最著名的应该还属《灵岩十二景诗》。在仁钦禅师之前，虽然人人知道灵岩寺处处绝色，但是并没有对此进行系统的统计或者说灵岩寺自身的官方说明，而自仁钦禅师为灵岩寺十二景分别题诗，使得灵岩寺十二景成为灵岩寺可以向外推广宣传的名片，自然促使灵岩寺的名声大大增加。《灵岩十二景诗》分别是：

朗公石

置寺殿

青蛇引路破樵径，二虎驼经莫厌频。
周汉魏时于此住，年过八百又重新。

般舟殿

般舟古殿最先风，运载含灵不可穷。
生死海中波涛险，莫教沉溺失前功。

铁袈裟

我佛慈悲铁作衣，谁知方便示禅机。
昔年庾岭家风在，直至如今识者稀。

朗公山

万象森罗古此峰，传来几世朗公容。
知音会遇无先后，今日依前旧日踪。

明孔山

凿开灵岩玲珑晓，一窍圆光似月明。
照古照今传万代，不知谁向此安名。

绝景亭

四顾林峦似列屏，一源流水响泠泠。
游人到此忘归去，名称虚堂绝景亭。

甘露泉

甘露香泉竟日流，有时天旱四方求。

随缘赴感无偏党，古往今来不记秋。

石龟泉

团团特石凿灵龟，口内喷流世莫疑。

造化始知心所有，几人到此乱针锥。

锡杖泉

历历金环振一声，滔滔千古进流清。

香厨日用无穷竭，饮者甘和悦众情。

白鹤泉

云鹤双飞去几年？遗踪依旧涌灵泉。

澄澄皎洁无增减，石铫煎茶味更全。

鸡鸣山

鸡鸣欲晓惊行路，回首思量却再来。

两两三三皆省觉，一人独上妙高台。

证盟殿

万丈岩前作证明，十方檀信等空平。

一针一草无遗漏，百劫千生果自成。

自灵岩寺从甲乙住持制度改为十方制，仁钦禅师是有记载以来任灵岩寺住持时间最久、最受寺院僧众推崇和尊重的南宗住持之一。可惜随着仁钦禅师年事已高，任期将至，政和元年（公元1111年）七月八日，他最终结束了自己在灵岩寺长达十年的住持生涯，启程返京。按他自己说的说法："吾来住此，不觉十载，为国焚修，稍成次第。今为年老衰迈，精力劳倦，难以久居。又忽秋风落叶，意思阑散，孤月廖天，寒岩萧索，感怀情动，顿起休心。"临走之前，仁钦禅师还不忘把自己的思想精髓刻碑做记，立在灵岩寺供后人学习，这就是今存灵岩寺般舟殿东侧的《五苦颂碑》，仁钦禅师望世人可解脱这五苦，渡过苦海，到达彼岸。

继仁钦禅师之后，灵岩寺在北宋期间另一位较为出名，管理灵岩寺政绩卓越的住持是临济宗黄龙派的传人妙空禅师。妙空禅师俗姓陈，为福建侯官县（今福建福州）人。根据《灵岩志》记载，妙空禅师曾先后两次担任灵岩寺住

鸡鸣山

持，第一次为宋绍圣年间（公元1094~1098年），具体任职时间不详。第二次为政和七年（公元1117年）到宣和六年（公元1124年），由于长时间担任灵岩寺住持，故世人称之为"方山禅师"。因其相貌奇特，且自嘲"肩不修疏头突兀，鼻磐垂分颡无骨。长怜百丑兼且讷，慈禅慈禅不我拙"，于是妙空禅师又自号"方山老拙"。由此可见，妙空禅师是一个肚量极大，又颇为诙谐、平易近人的住持。那么他在任职灵岩寺期间，又有哪些故事呢？

根据今灵岩寺天王殿外东侧著名的《施五百罗汉记碑》，时福建参议郎齐古向灵岩寺赠送五百个木雕镀金罗汉的时候，接收者正是妙空禅师，同时他为接收这五百罗汉举行了隆重的受赠仪式，并下令刻下了这块石碑，也算是让后人了解到灵岩寺的这一段历史。

在本章开头，我们曾提及由于种种因素，山东儒家和佛教在北宋初年呈现势不两立的态势，而到了妙空禅师担任灵岩寺住持期间，他秉持着海纳百川的原则，积极主动地去融合儒家思想，和当地儒生进行交流，使得山东儒家和佛教之间的矛盾大大减少。《灵岩寺妙空禅师塔铭》说他："语论精深，器识宏远……与士大夫对问，必取佛经之合于儒者详言之。"由此来看，为了更好地缓减儒家和佛教的矛盾，妙空禅师自己也修习儒家经典，这样的气度对于一个住持身份的当世高僧来讲，确实是不容易的。

妙空禅师任职期间，作为评价灵岩寺繁华最重要的两个指标，即寺院经济和寺院建设上亦取了令人瞩目的成绩。在这之前，或许是由于灵岩寺住持更换频繁的原因，导致寺院的大量田地被侵占。妙空禅师就任之后，他"不与之争，而谕之以理，乃尽归所有田"，拿回了所有的田地，灵岩寺经济收入也恢复了正常状态，香客逐渐增多，即"师名德既著，四方供施者，岁时辐辏，惟恐其后"。随后，妙空禅师率领寺院僧众"土木备举，殿阁一新"，就是把灵岩寺的庙宇基本都修缮了一遍，他还修建了钟鼓楼、海会塔、孔雀明王殿和转轮藏殿。其中转轮藏殿内所放的是转轮藏，就是一种可以回转的佛经书架，外形是一个八角形的巨大书柜，中间放一个立轴，这样你想看哪里的经书，只要转动这个书架就行了。灵岩寺专门修建转轮藏殿，一方面是妙空禅师方便他人，另一方面也说明了当时灵岩寺内藏经颇丰，不得不专门修一个书架用来存放经书。可惜的是，这些建筑今皆不存了。

妙空禅师曾经给灵岩寺的僧众修建了大型公墓，用来安葬那些籍籍无名且没有财力、物力给自己做墓穴的僧人。他的善举得到了寺院僧众的响应，毕竟相对于那些佛法高深、德高望重的僧人，更多更普遍的还是靠着化缘度日、潜心修行、不沾身外之物的苦行僧，这些僧人去世之后葬哪里一直都是个问题。所以在妙空禅师的组织下，灵岩寺"六月初一基土，为穴做圹，圹分为二，中安住持，东安僧徒，西安童行"。这里的"童行"指的是出家入寺修行却没有取得度牒的少年。没有取得度牒就不会为官方所承认，这样的僧人本身是没什么地位的，当然也没什么财力。而公墓建好后，这些僧人去世之后也能得到妥善安置，不得不说是妙空禅师的大恩德。当时僧人评价："今堂上老师做利益事以垂永久，非愿力广大，悲智圆融，何以能此？"算是非常高的评价了。

妙空禅师还有一个贡献，不仅对灵岩寺来说，甚至对整个山东佛教来说都算是开创性的，那就是他在任职灵岩寺住持期间，把临济宗带入泰山地区以及山东佛教之中。在灵岩寺改为十方禅寺之前，整个山东佛教和灵岩寺都有一样的问题，那就是极少有南宗高僧在此修行，更别说有南宗教派的传承了。而在灵岩寺这边，随着熙宁六年（公元1073年）云门宗的仰天玄禅师任住持之后，南宗在灵岩寺开始百花齐放，而妙空禅师的老师荐福道英禅师就是南宗临济宗黄龙派创始人黄龙慧南的弟子开元子琦禅师。妙空禅师在灵岩寺期间以"凡示徒贵机用，唯棒喝可语言"，即当头棒喝的形式传法授徒。临济宗素有"临济将军"之名，就是因为临济宗传法言辞激烈，而黄龙派则更加直指问题本质，妙空禅师自在灵岩寺传法以后，"开堂演法…参徒常不减数百。历二十八载，迄无间言，可谓超越前人者也"。他"不立文字""直指人心""棒喝交驰""见性成佛"的传法方式就此在泰山地区迅速传播，不仅成为灵岩寺在北宋晚期的一个活招牌，而且开启了临济宗黄龙禅在山东地区的传承，极大提高了灵岩寺在当时的威望。

北宋时期灵岩寺的发展可谓一步一脚印，不管是经济的繁华还是寺院建设的繁荣都是有目共睹的，特别是在诸如琼环禅师、仁钦禅师、妙空禅师等住持的努力下，灵岩寺不仅迎来了寺院发展的高峰，相较之前也可谓焕然一新，大步向前。

十、墨客吟咏

被誉为四大禅寺之首的灵岩寺不仅在北宋期间迎来新发展，而且随着游宦齐鲁的文人和驻寺高僧的增多，特别是朝廷的重视，再加上仁钦、妙空等禅师都好客善交友，文人墨客吟咏灵岩寺也迎来了历史最盛时期。根据《全宋词》的不完全统计，北宋曾有鲜于侁、张掞、李迪、滕涉、苏辙、曾巩、祖无择、蔡延庆等四十多位诗人、词人曾游览过灵岩寺并创作诗歌多达七十余首。

在这些人当中，较早来灵岩寺游览的是宋真宗和宋仁宗期间的名相李迪。李迪出生于公元971年，祖籍河北，其曾祖父李在钦为了躲避战乱而移居山东鄄城。宋真宗景德二年（公元1005年），李迪高中状元，随后平步青云，一直做到了宰相。然而，宋真宗晚年，奸臣丁谓专权，排除异己，他先是诬陷名相寇准，后又逼李迪罢相；李迪几被迫害致死，最后被贬江宁。天圣五年（公元1027年）七月，李迪转任兖州，第二年朝廷改派他到青州去，而灵岩寺正好位于从兖州到青州的路上，李迪顺道游览灵岩寺。在他遍拜佛像，听闻寺中钟声的时候，突闻丁谓垮台，王曾为相，朝廷复用自己。这让已经见惯人间冷暖、年近六十的李迪感慨无限，遂写下了赫赫有名的《游灵岩寺》："灵岩山势异，金地景难穷。塔影遮层汉，钟声落半空。千峰罗雉堞，万仞耸屏风。飞鹤来清窦，刳鱼挂古桐。名曾参四绝，封合亚三公。势彻河壖远，形差岳镇雄。仙间隣峻极，日观伴穹崇。隧洞连蓬岛，重峦凿梵宫。望应销俗虑，登喜出尘笼。献寿嵩衡并，分茅海岱同。艮方标出震，午位对升中。岚滴晴烟碧，崖铺夕照红。巍峨齐太华，奇胜敌崆峒。炼句供诗客，模真怯画工。天孙分怪状，神化结全功。吟赏慵回首，云泉兴愈隆。"

几乎和李迪同一时间来到灵岩寺的还有北宋另一名臣滕涉，实际上这两个人还颇为有缘，因为天圣六年（公元1028年）李迪任青州知州所接任的正是滕涉的职位。也就是说，滕涉是在离任青州知州的路上特意来到了灵岩寺。滕涉写下一首《游泰山灵岩寺》："山半旧招提，扪萝蹑石梯。佳名标四绝，胜境出三齐。殿古烟霞窟，庭深桧栢蹊。岳灵分地界，云险接天倪。香篆清风裹，松廊翠巘低。飞尘无路入，幽鸟隔岩啼。破梦泉声急，飘凉竹韵凄。微阳生顶上，残月落峰西。暂到犹尘虑，长居信觉迷。致君功业就，向此卜幽栖。"

不论是从李迪的诗还是滕涉的诗中，我们都可以看到北宋初年灵岩寺的山色风景，前者的感慨是"名曾参四绝，封合亚三公"，后者是"佳名标四绝，胜境出三齐"，都足以表明灵岩寺"域内四绝"的声誉之隆，在当时算是无寺庙出其左右的。而在相同的时间，另一位北宋朝臣就表达了因不能游览灵岩寺所带来的遗憾，这就是天圣六年（公元1028年）从齐州调任郓州的杜尧臣，可能是平时公务太过于繁忙，他就职齐州期间未曾登临灵岩寺，不想朝廷一纸调令，却因为行程太过匆忙，临走也没去看看灵岩寺，自此成为终身的遗憾。为此，杜尧臣留诗《留题灵岩寺》："四绝精蓝冠古今，千山影里寺难寻。年来踪迹如萍梗，不得登临恨更深。"不暇登寺游览，乃留题于寺庄，其遗憾之情溢于言表。

在仰慕灵岩寺盛名，却因俗务无缘亲临灵岩寺而赋诗灵岩寺的诗人里面，还有一位大名鼎鼎的人物，那就是北宋名相王安石。他早年便听灵岩寺四绝之名，永义禅师任职灵岩的时候王安石也曾赋送别诗寄予厚望，后来更是亲自为《敕赐十方灵岩寺碑》签字，可惜终因公务繁忙而没有亲至。他留下"灵岩开辟自何年？草木神奇鸟兽仙。一路紫台通窈窕，千岩青蔼落潺湲"的诗句。

大家或许会好奇，北宋时期怎么总是有名臣就职山东，这是因为当时北宋以河南开封为都，而靠近京畿一代的山东就被分为京东路，自然也成为重中之重，时人评说："京东、西两路，中国根干，畿甸屏蔽，缓急所资，常须安静，以镇天下。"再加上齐州是山东的中心，而灵岩寺所在地恰好位于徐州、兖州经郓州到齐州的主干道附近，所以大多数到这几地就任的文人官员都会因慕灵岩寺大名而特意前往游览。所以，北宋时期灵岩寺题诗达到历代巅峰，也是有此原因的。

例如熙宁八年（公元1075年）春天，在齐州任职近两年的苏辙就背起行囊，先是游览了泰山，而后前往灵岩寺，看着古柏深深的古寺，来来往往的僧人，遂写下《灵岩寺》一诗，中有："祖师古禅伯，荆棘昔亲启。人迹尚萧条，豺狼夜相觚。白鹤导清泉，甘芳胜醇醴。声鸣青龙口，光照白石陛。尚可满畦塍，岂惟濯蔬米。居僧三百人，饮食安四体。一念但清凉，四方尽兄弟。何言庇华屋，食苦当如荠。"早在苏辙之前，另一位任职本地，也就是庆历三年（公元1043年）的长清县县尉张公亮，亦作有《齐州景德灵岩寺记》一文，该文记述了大量灵岩寺在北宋初年的历史资料，是研究灵岩寺北宋前期历史的重要依据，在前文中我们就已经多做引用，此处不再赘述。

苏辙的哥哥，同属于唐宋八大家之一的苏轼与灵岩寺也颇有佛缘。熙宁年间作为山东密州（今山东诸城）知州的苏轼曾前往灵岩寺，并赋诗六首，欣喜于朝廷对于灵岩寺的支持。还有同为唐宋八大家之一的曾巩，早在熙宁四年（公元1071年）曾巩就任齐州知州的时候，他就游览过灵岩寺，并在《题灵岩方丈》中写道："法定禅房临峭谷，辟支灵塔冠层峦。轩窗势耸云林合，钟磬声高鸟道盘。白鹤已飞泉自漫，青龙无迹洞常寒。更闻雷远相从乐，世道嚣尘岂可干。"

在苏辙之后，还有熙宁末年齐州通判，孔子四十六代孙孔舜思的《留题灵岩寺》："忽从平地出尘笼，亲到诸天释梵宫。却悟冗官长役物，争如大士日谈空。山横青壁千层合，泉

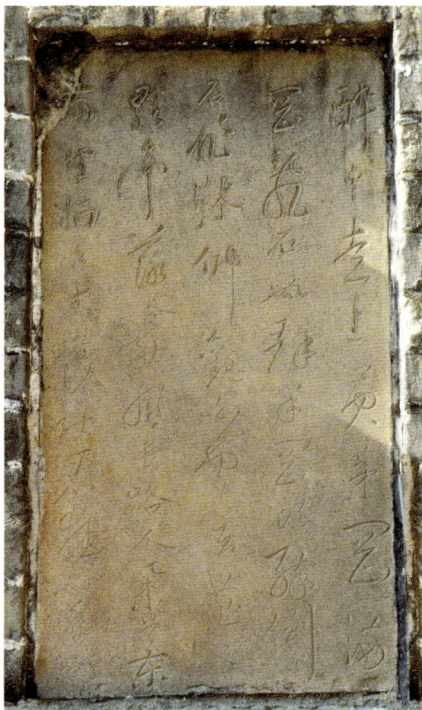

苏轼手迹

进丹崖一线通。幽鸟静啼人外境，疏钟不堕世间风。目无可欲猿猱伏，心绝微尘冰鉴融。自恨无缘陪宴坐，它生愿效种松翁。"元祐年间济南从事卞育的《留题灵岩古诗十韵》："屈指数四绝，四绝中最幽。此景冠天下，不独奇东州。夜月透岩白，乱云和雨收。甘泉泻山腹，圣日穿崖头。大暑不知夏，爽气常如秋。风高松子落，天外钟声浮。祖师生朗石，古殿名般舟。人巧不可至，天意何所留。老僧笑相语，此事常穷求。移出蓬莱岛，侍吾仙子游。"除此以外，卞育还曾留下一篇游记《游灵岩寺》来夸赞灵岩寺。

任过齐州通判的祖无择，在游览完灵岩寺后写下《寺有四绝一曰灵岩予以赴官获此税鞅赋拙句用》一诗："常想灵踪得到难，因回征辔此盘桓。松风逗磬僧斋冷，石水环堂客梦寒。圣作自同尧典布，古碑犹是魏朝刊。最怜山色当楼好，欲去重来一凭阑。"

因任职而赋诗灵岩寺的文人，可谓数不胜数，其中艺术价值较高和知名度较高的还有徽宗朝名臣吴栻。他是北宋末期最重要的诗人之一，福建瓯宁（今

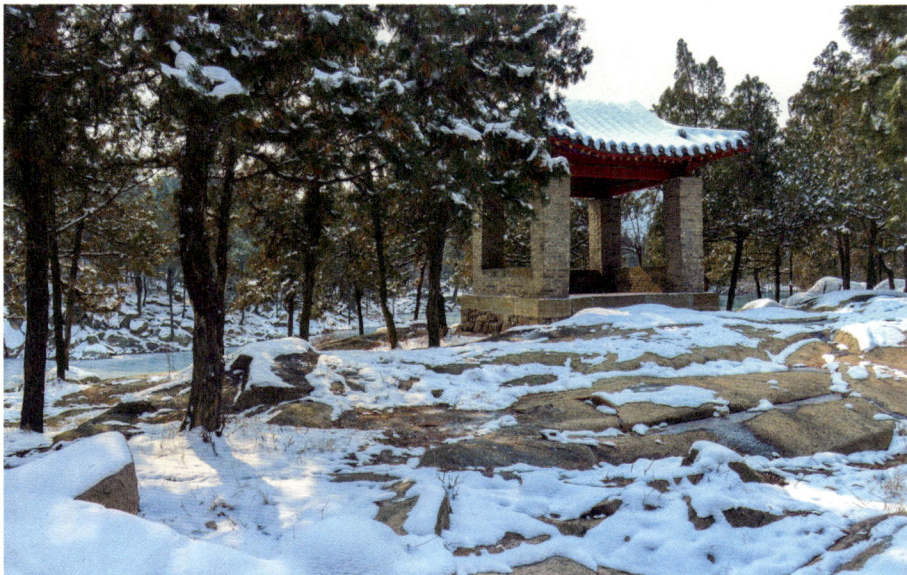

黄茅岗接官亭

福建建瓯）人，宋神宗熙宁六年（公元1073年）进士，曾于崇宁年间任齐州知州，并两次游览灵岩寺。第一次是崇宁四年（公元1105年）任职齐州的路上过灵岩寺，第二次是大观元年（公元1107年）任期满，离职回京的路上再过灵岩寺。在第一次游览灵岩寺的时候，吴栻赋诗三首，主要是表达在异乡为官的思乡之情，刻于《吴栻灵岩寺诗碑》。其一："丹峰翠壑一重重，香火因缘古寺钟。若有金龙随玉简，武夷溪上幔亭峰。"其二："一麾邂逅得东秦，忆别家山六度春。何意眼看毛竹洞，主人仍是故乡人。"其三："大士分身石罅开，轻烟微雨证明台。洒然一觉乡关梦，换骨岩高好在哉。"

吴栻第二次游览灵岩寺，回首人生一梦，亦对佛事产生疑问，故再赋诗三首。其一："三齐何处古丛林，石作门阑岱岳阴。云暗鸡鸣川谷浅，月明龟吐水泉深。未须赞叹袈裟铁，且可归依世界金。弹指上方还一梦，梦中聊续去年吟。"其二："济南惊蛰隐新雷，底事阳关叠叠催。不称添源涌麝沸，只堪崧阜上崔巍。他年发已千茎雪，今日心仍一寸灰。文雅台边蜗有舍，瓮头归去泼春醅。"其三："飞锡道人知几年，青蛇白兔亦茫然。焚香且上五花殿，煮茗更临双鹤泉。今日别栽庭下柏，当时曾种社中莲。证明佛事真何事，聊策藤枝结胜缘。"

在我国金代著名文学家元好问的《东游略记》一文中，特别提到北宋时期文人墨客于灵岩寺的赋诗，他说："灵岩寺……寺壁石刻甚多，有张掞叔文、苏辙子由、吴栻顾道诗，余人不能悉记。"也就是说在他的眼中，吴栻（号顾道）的诗和苏辙（号子由），以及张掞（号叔文）是所有题灵岩寺诗中最精彩、最好的，可见其对于吴栻六首题灵岩寺诗的评价之高。张掞，本身就是齐州人，累官至龙图阁直学士，知成德军，曾于嘉祐六年（公元1061年）年游灵岩寺，并赋诗《留题灵岩寺》一首："再见祇园树，流光二十年。依然山水地，况是雪霜天。阁影移寒日，钟声出暝烟。粗官苦奔走，一宿亦前缘。"

除了以上的文人，在灵岩寺还留有赋诗的有如写下"山僧迎门笔相揖，为语祖师存德迹"（《题灵岩》）的鲜于侁；写下"四绝之中处最先，山围宫殿锁云烟"（《蔡安持题诗碑》）的蔡安持等。

我们看到相对于唐朝，由于山东在宋朝时被规划为京东路，同时离都城开封更近，极具上升的地理便利性也让更多的文人有机会来到灵岩寺，所以留下远比唐朝更多的诗篇散文，同时也为之后明朝文人游历灵岩寺咏诗做了示范。从这点来讲，北宋时期的灵岩寺声名传播，是远远超过其他朝代的。灵岩寺碑刻传统，让千年之后的我们也可以感受到那个朝代文人游览灵岩寺时的风采，当然也是研究灵岩寺历史的重要参考资料。这些碑刻里面，比较著名的有《楞严经》偈语碑和大观碑。

《楞严经》偈语碑现镶嵌于灵岩寺御书阁门洞外左右壁上，又叫作《泰山楞严经石刻》，因石刻首段内容为《楞严经》卷六部分偈语，是文殊菩萨对二十五圆通说的偈子，所以灵岩寺的人又称之为《圆通经》。《楞严经》偈语碑由四块石头组成，高皆39厘米。第一石宽163厘米，刻偈词41行，满行10字；第二石宽147厘米，刻偈语39行，满行10字；第三石宽158厘米，刻偈语42行，满行10字；第四石宽149厘米，刻偈语、题款36行，满行10字。凡刻文158行，字径皆3厘米，均为行书。其中最末4行为题款，字径约1.5厘米。而这《楞严经》的作者正是北宋名臣，被誉为除米芾之外，最煌煌大观的二蔡之一中的蔡卞（另一位为其哥哥，北宋奸相蔡京）。蔡卞笔法成熟，撇处可见王羲之的痕迹，结体随字不一，神采奕奕，笔势飘逸，自成一家，书法代表作有《雪意帖》《致四兄相公尺牍》等。体现在这碑刻之中，熔楷、行、草三体于一炉，标新立异，笔势变化多端。虽然该帖中有大量重复的"圆""通""获""觉"等字，但无一雷同，体现了作者强大成熟的笔法、笔力，拥有极高的书法鉴赏价值。

灵岩寺另一比较著名的书法碑刻是宋徽宗大观二年（公元1108年）为了纪念仁钦禅师建造崇兴桥造福百姓，由北宋文学家、画家郭思撰文、其子郭升卿书石、王高篆额的大观碑。《灵岩志》评价："碑记字体颇仿兰亭笔法。"大观碑中还有一处书法，那就是碑阴处有飞白大书"灵岩道场"四个字，这四字为宋神宗元丰年间（公元1078~1085年）兵部郎中王临所书，立碑时补刻其上。虽然大观碑在距离灵岩寺七八公里的宋代小溪处，但因其书法价值极高，故亦成为灵岩寺名碑之一。

除了《楞严经》偈语碑和大观碑，灵岩寺还有一处书法碑刻，就是证盟功德龛西侧石壁上的"灵岩观音道场"六个字的摩崖大书，边上有"政和中，张励题"的落款。这六字摩崖大书苍劲有力，写在证盟功德龛边上更是极为显眼，可惜张励到底是谁，宋史中并无记载。不过这碑刻还是说明了一些事，那就是当时灵岩寺还拥有观音信仰。

我们可以通过前人笔墨了解到很多在正史文献中所不能了解的事情，例如灵岩寺在宋神宗及宋哲宗年间的住持确公长老，其人在文献记载中极少出现，灵岩寺对此亦无过多描述。但是通过熙宁十年（公元1077年）苏轼为齐州知州

灵岩寺一角

李常代写的《齐州请确长老疏》一文，我们可以得知时齐州知州李常曾向朝廷上疏，请求派遣德高望重的确公长老担任灵岩寺住持一职，他说："齐有灵岩，世称王刹……特降睿旨，慎择主僧。询于众中，无如师者。"很快，朝廷就批准了李常的申请，并派遣确公长老赴任灵岩寺。时兵部郎中王临正是确公长老的好友，他在《为确公长老送别诗》中写道："瓶钵飘然别帝乡，法音从此振东方。黄龙山下传心印，白鹤泉边起道场。甘露无时皆一味，旃檀何处不清香。烦师更唱宗门曲，兔角龟毛任展张。"由此我们得到两个信息：一是确公长老和妙空禅师一样都为临济宗黄龙派传人，且先于妙空禅师来到灵岩寺就职，可惜名声不响，影响力自然也没有妙空禅师那么大；二是王临因为确公长老关系和灵岩寺有了佛缘，也许正是因此才书写下"灵岩道场"四个字为确公长老送行。巧合的是，元丰二年（公元1079年）王临自己也出知齐州，成为灵岩寺的地方官。

终宋一朝，虽然"靖康之耻"后北方沦为金国以及伪齐领土，从实际来看，北宋期间灵岩寺发展不论是寺院经济，还是规模、知名度等实际上都不落于唐代。域内四绝的名声提升，寺庙于前代的大多数建筑也经历了重修和重建，再加上文人墨客的赋诗题咏，算是灵岩寺历史上的一个文化高峰。当时的灵岩寺已成为世所公认的国内四大名刹，北方最为知名且规模最大的寺院之一，这一切也全部倚仗灵岩寺众僧侣以及各住持的努力。

第七章

≋

天下四绝首

一、延续繁荣

灵岩寺在北宋时期的辉煌可谓有目共睹，经过一系列宗教改革，走上了良性循环的轨道，灵岩寺不断突破原有的成就，创造更加令人骄傲的成绩。可惜这一切都在北宋宣和七年（公元1125年）十一月的一天戛然而止，因为这一天金人攻破北宋都城汴京，宋徽宗和宋钦宗二帝以及赵宋皇室成员、后宫妃嫔、贵族大臣等三千余人被金人押解北上，史称"靖康之变"，北宋随之灭亡。在此巨变中幸免于难的宋徽宗赵佶第九子赵构带领北宋的残存势力先是定都南京应天府（今河南商丘），后又于公元1138年迁至江南，定都临安府（今浙江杭州）。公元1141年宋、金两国达成绍兴和议，以淮河——大散关为界，宋人坐南，史称南宋，自此淮河以北的大片地区皆沦为金人领土。

不过相对于其他因战火而毁坏严重的北方寺院来说，当时的灵岩寺却因为济南知州刘豫杀害守将关胜直接降金，从而避免了一场朝代更迭下的生灵涂炭。建炎四年（公元1130年）七月二十七日，金朝派大同尹高庆裔、知制诰韩窻册封刘豫为皇帝，国号大齐，建都大名府（今河北大名县）。由于刘豫是在金人扶持下才建立的齐国政权，不仅要使用金朝"天会"年号，奉金朝命令，而且自己还得认金人为父，所以历史称之为"伪齐政权"。

刘豫的伪齐政权并没有存在太久，公元1136年刘豫征百姓南下伐宋，大败溃退，民怨沸腾。为此，金朝直接废除了伪齐政权，刘豫本人也被软禁到了上京。从此之后，山东就处于金朝的直接统治之下。金朝中央所设的僧官制度与北宋基本是没有差别的。也正是在这种情况之下，灵岩寺取得了相当傲人的成绩，特别是在道询禅师任职灵岩寺住持的时候。

道询禅师俗姓周，扬州天长义城人，在政和元年（公元1111年）就到长清县兴教寺出家，师承舒州法华证道禅寺的住持永言禅师，是临济宗黄龙派传人。他后来又赴佛教名山百丈山精修怀海大师的《百丈清规》，佛法更加精进深奥，皈依者无数，人们遂称之为"指南导师"，成为当世一代高僧。早在阜昌六年（公元1135年），伪齐政权就再三派遣官员请道询禅师担任泰山南麓济南普照寺的住持，道询禅师最终前往。因为禅师道询在任职期间把普照寺修葺一新，将寺院一切事务管理得井井有条。皇统元年（公元1141年），道询禅师来到灵岩寺，恰逢灵岩寺住持净如禅师圆寂，众人于是就推举道询禅师担任灵岩寺第九代住持。当时济南府帅都运刘公恭称赞其"一时尊宿，德行纯备无如师者。"

根据文献记载，道询禅师上任伊始就向金朝政府上奏，说他曾亲自播种寺院田地，可是收获的粮食仅够寺院僧人温饱，原因就是宋朝时僧人们虽然免徭役，但是却要纳税粮给政府，这导致了寺院经济的困难，佛教发展也难以为继。希望现在的政府可以依照旧例寺院不课税，僧人们也会念经做法上报国恩，从长远来看这是一件利大于弊的事情。金朝一纸令下，自此以后免除了灵岩寺的课税。《灵岩志》对此说道："宋免差徭，只纳税粮。金元明皆奉旨，粮徭全免，至今不税，其籽粒以供本寺香烛之需。"

因为道询禅师这项特殊的贡献，使得灵岩寺的经济大幅增长，寺院自然也越来越繁华，香火愈加旺盛。他本人"玄学渊深，勤于接物，初机请益，循循忘倦"，这是说道询禅师不仅佛学精湛，而且好客，于是"四方翕然谓获宗匠。学者向慕道风，踵至筹室，自兵火以来未之有也。"因此，人们都仰慕道询禅师的风骨，到灵岩寺拜访，使得灵岩寺再次声名鹊起。不过颇为可惜的是，皇统二年（公元1142年），仅任灵岩寺住持一年的道询禅师圆寂，时年五十七岁，灵岩寺僧众念其贡献，特修僧塔葬于灵岩寺墓塔林之中，又因道询禅师曾自号"定光庵主"，碑铭曰"定光禅师"。

从北宋中后期到金朝金海陵王完颜亮之前，临济宗黄龙派在灵岩寺乃至整个山东佛教都占有主导性地位，所以道询禅师圆寂之后，灵岩寺迎来了同为临济宗黄龙派的第十代住持法云禅师。法云禅师字巨济，俗姓林，为泉州南部大族之后，师承大伦山梵天禅寺孜禅师，也是临济宗黄龙派传人。和道询禅师一样，法云禅师也是先待在普照寺，而后名声大噪，"居普照六年，大辟禅关，俾一方之众知有此道者"，后来法云禅师来到灵岩寺，刚好朝廷在挑选灵岩寺新住持。当时朝廷"以师名申省，三请而后从"，法云禅师最终答应担任灵岩寺新的住持。

法云禅师在任期间，不仅把寺院管理得井井有条，而且在道询禅师之上再度发展。《法云禅师塔铭》里说"居四年而殿宇焕然一新"，"宗风大振，响风而远近归之"。他不仅重修了灵岩寺的各种老旧建筑，而且继续发扬临济宗黄龙派的影响力，灵岩寺在山东佛教的影响力自然越发凸显。而且根据文献记载，法云禅师还把灵岩寺祖师法定禅师的来历神化，提出了观音菩萨托相的说法。即"夫灵岩大刹，昔自祖师观音菩萨，托相梵僧曰法定禅师，于后魏正光元年始建道场兴梵宫，居天下四绝，境中称最，而世鲜知由。"北宋中后期灵岩寺是有观音信仰的，当时观音信仰在整个宋朝都非常流行，所以法云禅师说法定禅师观音菩萨化身，对于扩大灵岩寺的名声、吸引香客来说，是有益的。皇统七年（公元1147年），法云禅师还叫工匠雕刻法定禅师的石像，并请名士陈寿恺作序，然后令人四处传播法定禅师为观音菩萨化身的神迹。

在现存灵岩寺般舟殿西侧的石碑上，有一幅法定禅师的线刻画：只见法定禅师右手持锡杖，背上有鞲，左右各有一虎，前面有一蛇引路，一猿猴捧果回顾，周身双鹤起舞飞鸣，另有一樵翁对立东指，所描绘的正是法定禅师选址建灵岩寺的故事。几乎在相同的时间，法云禅师还令人把达摩面壁像图记刻于石碑上，达摩祖师双手合十，边上刻文字曰："有泉冷然，始至无水，以仗剑刺地，随举而涌，引而东出，世因号以'锡杖'。而丛榛族棘，荒秽翳塞，兔蹊雉埳，蛇虺所舍，樵牧避焉。"可以看到这描绘的就是灵岩寺锡杖泉的来历，看来除了神话灵岩寺的来历以外，法云禅师尽量把灵岩寺能说的故事进行了神化编绘。皇统八年（公元1148年）闰八月，法云禅师在灵岩寺圆寂，僧众将其安葬在墓塔林中祖师塔的邻近之处，以示法云禅师对于灵岩寺的贡献之重。

法云禅师之后，灵岩寺还有宝公长老、涤公长老等住持相继维持着灵岩寺的繁荣发展，如在《灵岩志》中对于宝公长老的描述是："疏请开堂演经，掌教灵岩，整饬戒律，宗风大振"；对涤公长老则是："厥有济南灵岩佛寺，利治邹齐，襟吞充鲁，二百年业林浩浩，三千里香火幢幢，飞阁莲宫，粹容金界，不期伟匠，焉振宏纲。伏维涤公长老，守文三代，接武四禅，下之机缘，续方山之胜蹈。"

而在涤公长老之后，终金一朝还值得说的灵岩寺住持便是广琛禅师，因为他在任期内帮灵岩寺做了一件大事：第一次正式确定寺界，保证了灵岩寺的田产不受侵犯。

二、寺田园记

在今灵岩寺天王殿中，存有一块刻于金明昌六年（公元1195年）界至图碑，即《济南府长清县灵岩寺明昌五年上奏断定田园记碑阴界至图本》（简称界至图），上为图名，中为地图，下为图记，详细记载了灵岩寺的寺界范围。图内除了当时灵岩寺属地以外，连附近地区的山峰、河流、村庄、道路、林木等，均有详细刻画。地图采用传统形象绘制，刻工精巧，线条均匀，清晰可辨，除了历史所留下的几处砸痕以外，其余保存完好，同时也是迄今为止山东现存最古老的石刻地图。而在界至图碑的正面则镌刻着乡贡进士周驰撰写的碑文——《十方灵岩禅寺田园记》，用文字描述的方式给我们记录了《济南府长清县灵岩寺明昌五年上奏断定田园记碑阴界至图本》完成的前因后果，上曰："比邱恒二百余众，虽四方布施者源源而来，然其衣食之用，出于寺之田园者盖三之二。其地实亡宋景德间所赐也，逮天圣初稍为人侵冒，主持者不克申理，但刻石以记其当时所得顷亩界畔而已。其后绍圣间，掌事者稍息，左右□□遂伺隙而取之。时长老妙空者，虽讼于有司，其地未之能归也。至废齐时，始征天圣石记，悉归所侵地。然石记字画已皆驳缺，寺僧□其岁久，愈不可考，因请于所司，□令主守故老与夫近邻，共立界至，迄今阜昌碑石存焉。"

文章的开头先是诉说宋朝时灵岩寺不断发展，而庞大的僧众数量同时也成为寺院负担，虽四方香客慷慨布施，但也只能维持吃穿所用，其中三分之二的寺院其余用度要依赖国家赐予灵岩寺的土地收入。这片对灵岩寺来说至关重要的土地是宋朝景德年间划拨的，此后终宋一朝，围绕这片土地的归属，寺院不断与周围豪强发生纠纷，尽管个别长老做了努力，但被侵占的土地始终没有归还，只是用刻石来记录当时灵岩寺的土地界限。这和我们在上一章中所论及的灵岩寺状况一样，由于各种原因，灵岩寺一周豪强觊觎寺院土地，不仅不纳原本属于寺院的耕地税，还侵吞寺院田地，这让灵岩寺的经济状况更为窘迫。

到了伪齐主政济南期间，由于得到政策支持，当地政府把所有被侵占的土地都归还给了灵岩寺，又由于宋朝时期的灵岩寺土地界限石记字画已经残缺难辨，寺院存在越久，就越不能详考，于是就立下了这块阜昌石碑。阜昌，为公元1130年到1137年，是伪齐皇帝刘豫的年号，也就是说，是阜昌年间伪齐政权给灵岩寺正式确定了寺界，所以明昌五年（公元1194年）金朝政府就按阜昌石碑上的灵岩寺土地界限给灵岩寺画了一幅地图，更加详细且明确了灵岩寺的土地界限，以维护灵岩寺的田地利益。而促使金朝政府为灵岩寺划界的，正是前文提及的广琛禅师。根据《灵岩志》记载，明昌三年（公元1192年），提刑司准许老百姓砍伐泰山树木，这导致了灵岩寺树林、田地被侵占，于是广琛禅师告到了省里，才拿回寺院十之一二的土地。明昌五年（公元1194年），广琛禅师亲自到京师，要求朝廷使用阜昌石碑所记载的灵岩寺寺界为灵岩寺现在的寺界，要回被侵占的土地，最终朝廷恩准，"尽付旧地"。这就是广琛禅师为灵岩寺所做的贡献。

那当时灵岩寺的寺界到底从哪到哪，有多大呢？马大相的《灵岩志》对此清晰记载着："金明昌中，明成化、万历中，皆见有敕立碑记可考。寺界东至棋子岭，南至明孔山，西至鸡鸣山，北至神宝寺。寺境东西二十里，南北十里。"由此可见，当时灵岩寺的寺界极其宽广，并且一直延续到了明末，这对于灵岩寺的经济保障和之后发展来说，可谓至关重要。

三、名士故事

有金一朝，最早与灵岩寺结缘的文人应该是宋朝豪放派代表诗人辛弃疾，不过和其他文人临寺吟咏不同，辛弃疾却是因为一桩恩怨才到灵岩寺的。原

来金海陵王正隆六年（公元
1161年），金主完颜亮为了
南下侵宋做准备，下令二十
以上、五十以下的男子全部
纳入军籍，同时大肆搜刮民
脂民膏作为军饷，中原老百
姓不堪重负，遂纷纷造反。
其中济南人耿京就地组织老
百姓揭竿而起，率领队伍在
济南宣布起义，竖起了抗金
大旗。而从小思念故国、颇

邮票上的辛弃疾

为义气的济南历城县人辛弃疾自然也加入了耿京的队伍，担任义军掌书记。不
仅如此，他还邀请昔日的好友，当时在灵岩寺出家的僧人义端加入耿京义军。
因为根据历史记载，义端当时不仅担任灵岩寺的住持，收留了大量因躲避征兵
和战乱而居住在灵岩寺内的百姓，而且他手下还有一支以灵岩寺武僧为主，
合数千余人的队伍，这对于耿京义军来说当然是必须拉拢的势力。

　　然而万万没想到，被辛弃疾颇为看重的义端和尚居然叛变投金，在一天晚
上把耿京的天平军帅印给偷走了。辛弃疾眼见是自己举荐的人出了问题，于是
对耿京说给自己三天时间，如果抓不到人，自己愿意被就地处决。辛弃疾随后
料定义端和尚一定会把帅印交给金朝，于是赶忙追赶，果然在半路上追到了义
端，一剑砍下了这个昔日好友的头颅，带着帅印返回义军大营。辛弃疾和灵岩
寺除了这段故事以外，在《济南府志·人物志》中还记载了耿京义军中的另一
个叛徒张安国。他因趁耿京不备暗杀了耿京，导致辛弃疾大怒。后辛弃疾率领
50骑兵从金军大营中掳走张安国，斩于灵岩寺。

　　这里要说明的是，义端是否为灵岩寺和尚在正史中并无记载，关于张安国
在宋史中也是被押到南宋处决的，并没有在灵岩寺处决的记载。那辛弃疾实际
上和灵岩寺有没有故事呢？应该是有的，元代文学家王恽曾亲游灵岩寺，在其

著作《王堂嘉话》中记载了这次游玩所见："初，公在北方时，与竹溪尝游泰山之灵岩，提名'六十一上人'，破辛字也。至元二十年，予按部来游，其石刻宛在。"这里的"六十一上人"就是辛弃疾的别号，所以不论义端和尚还是张安国的事，辛弃疾在跟随耿京义军抗金期间还是在灵岩寺一带活动过的，只是如今"六十一上人"刻字已经不在，所以辛弃疾和义军到底在灵岩寺经历了什么我们也无从得知了。

耿京义军失败之后，辛弃疾留在南宋，初任为江阴签判，历仕通判、司农寺主簿、知州、提点刑狱、运转副使、安抚使等职。一生仕途沉浮，最终壮志难酬，为此辛弃疾只能用文字来抒发自己的情感，最终成为宋朝继苏轼之后最为伟大的词人，世人并称二人"苏辛"。

这边是辛弃疾南下寻梦，而他的好友兼同学党怀英却留在金朝朝中任职。党怀英是山东泰安人，官至翰林学士承旨，善文章书法篆籀，皆为当世一绝，是当时金朝的文坛领袖，人们把他和辛弃疾并称为"辛党"。党怀英虽在金朝担任要职，且名声响彻天下，却时常到灵岩寺寻求安静。现在千佛殿前面，就有一块最初立于金明昌七年（公元1196年），由党怀英所书的《十方灵岩寺记碑》，该碑碑文不仅书法造诣颇高，马大相标注"金党学士碑额篆书"，而且因为文中简述了灵岩寺自宋以来的历史，亦是研究宋金时期灵岩寺变迁的重要文献资料。不过现在的《十方灵岩寺记碑》碑是为1999年复刻的，原碑曾立于灵岩寺天王殿东侧，不知何时被毁。

除了辛弃疾和党怀英以外，金朝时还在灵岩寺留下笔墨的文人有受法云禅师所托，为灵岩寺撰写《济南府灵岩寺祖师观音菩萨托相圣迹序》的泰山隐士陈寿恺。同时明昌六年（公元1195年）十月，由周驰撰文，礼部郎中赵沨正书，党怀英篆额的《十方灵岩寺田园记碑》也是兼具艺术价值和历史价值的碑刻。

在金朝中前期，可以说灵岩寺发展是非常不错的，基本上延续了北宋以来的繁华，然而到贞祐二年（公元1214年），蒙古军在北方崛起，金朝朝廷不得不把国都从中都（今北京）迁到开封，山东士族们也趁机占地称王，泰山一代由此大乱，金朝、蒙古和宋朝也陷入了三方混战之中，史称"贞祐之乱"。根据历史文献记载，由于济南地处要冲，这里的争夺尤为激烈，灵岩寺自然也难免受到战火波及，甚至两度沦为战场，一次是被金朝朝廷当做驻军大营，一次是被义军张汝楫当做基地。灵岩寺逢此大难，寺院毁坏严重，不少非常宝贵的文物也因此丢失。马大相在《灵岩志》中就说："金贞祐中寺遭兵燹，御书尽毁，惟空阁存焉。"

也就是说，灵岩寺御书阁原本所藏唐中宗、宋太宗、宋真宗、宋仁宗等皇帝所赐的御书在这次战火中全部被毁，这不仅是灵岩寺永远无法挽回的损失，也是我国历史文物的重大损失。

方山丽日

JINAN 济南故事

第八章

传承放光辉

一、兼并发展

经历"贞祐之变"后，河北、山东和山西三地的经济、文化在蒙古侵略战争中都遭受到了严重破坏，灵岩寺更是数度沦为战场，几经风雨，但好在蒙古人统治中原之后对所有现存的宗教都采取了一视同仁、兼并包容的政策。毕竟对元朝统治者来说，宗教有快速稳定社会、进行战后抚慰的作用。但对他们来说，既然要统治中原，当然更要拥抱中原文化，一方面确定以儒治国、理学治国的核心方针，另一方面对于其他宗教亦采取鼓励扶持政策。例如元世祖忽必烈不仅下令免除僧寺赋税，还规定军民严禁干扰寺庙，甚至早在即位之前就邀请藏传佛教名僧八思巴东到大都统率天下佛教，被奉为帝师。中华大地虽经历山河移主，但是佛教并没有承受太大的打击。

元世祖忽必烈开头，元代诸帝莫不护持佛教，更是每帝必须到帝师处受戒才能登基。元代皇帝登基之后，官方崇佛活动不断，无论是举行法会还是修建佛寺，雕刻藏经，一切费用也都由国库支出，同时政府还时常赐给寺庙大量土地，根据元代管理佛教的宣政院在至元二十八年（公元1291年）统计："全国寺院凡二万四千三百一十八所，僧尼合计二十一万三千一百四十八人"，如果算上私度的僧人，怕远不止这个数了。而在本就佛教信仰浓厚的山东地区，佛教发展更加激进，著名的意大利旅行家马可·波罗在考察山东的时候就说"所有的居民皆是佛教徒"。这显然是夸张的说法，但也说明当时佛教之盛。

忽必烈不仅要求官府不得在灵岩寺重复收税，并且除了税粮以外，灵岩寺自己的经济产出全部归寺院自己，谁都不能抢夺。灵岩寺自己的产业得到保护，经济发展也更上一层楼。

除了忽必烈以外，元武宗孛儿只斤·海山在大德十一年（公元1307年）亦下旨对灵岩寺的田产给予保护，内有"这寺院里房舍使臣安下者，铺马只应休拿者，商税地税休与者，寺院里休断人者"的内容。到了至正元年（公元1341年），元惠帝再次颁布诏书保护灵岩寺财产，甚至将诏书立碑刻成《元国师法旨碑》，额篆"大元国师法旨"，立在天王殿外东侧，该碑碑阳上层刻藏文十二列，下层刻汉字，拥有巨大的文物研究价值。与之一起的还有刻了两道圣旨的《元圣旨碑》，一道上刻兔儿年，即我们前文提及的忽必烈那道；另一道下刻羊儿年，为元贞元年（公元1295年）。从元朝建立一直到元朝末年，元朝皇帝一再强调，甚至亲自下旨保护灵岩寺资产，一方面表明了元朝政权对佛教的重视，另一方面也说明了灵岩寺家大业大，备受皇室重视以及其特殊的政治地位。

元武宗画像

二、寺院经济

忽必烈给灵岩寺的圣旨中，有这样一句话："但属本寺家的田地、水土、竹苇、树木、园林、水碾磨、解典库、浴堂、店铺席等，应有出产，不拣是谁休夺要者。更有醋麴酤大小差拨，休得要者。"这条圣旨从侧面说明了当时灵岩寺的经济创收多样性，除了出租田地以收取佃户的租金以外，还有种植业以及许多工商业的收入。如大元皇庆二年（公元1313年）灵岩寺住持桂庵长老作《山门五庄记》，里面就说："自元贞年间，自塔宝峪口选吉地，创建新庄一所，曰北庄也。建佛殿三间，内塑自在观音一堂，全珈。□堂一所，内塑关王，全西。□房三间，穿井一眼，绕庄开荒地数顷有余，尽寺家山场界至内，遂作一偈出示众人。偈曰：置罢南庄置北庄，春秋普请好开荒。休辜壮志琛公老，祖父田园要主张。独鹤宜开旧地，曰中庄也；水屋头开地种桑，曰东庄也；覆井坡可盖新房，曰南庄也；中邸店西曰西庄也；以上五庄，只在这灵岩产业界内起建，永远瞻济常住，供给僧众，不为无益。以示来者，他日百千年后，使人共知山门外有五庄在。"

从《山门五庄记》中，我们可以看出来当时灵岩寺拥有着广阔的田地，马大相在《灵岩志·封域篇》中说是三千五百顷，而灵岩寺为此所招来的佃户甚至形成了北庄、南庄、中庄、东庄、西庄等五个庄。周围村落的形成，人口开始源源不断地循环，灵岩寺与其佃户之间逐渐成为一个稳固的经济体。

也正因为此，灵岩寺脱离了早前非常单一，仅靠出租田地、种植粮食以及信徒布施的经济模式，开始经营菜圃、种植果树等。大德十年（公元1306年），《灵岩平公管勾勤绩之铭》里说管理灵岩寺日常的管勾（职称）平公在寺院土地上栽培了梨树、柿子树、竹子等杂果树合计五百多株，每年都可以卖钱；元天历二年（公元1329年），《举公提点施财记》中就有寺院举公花费五千两购买三所桑菜园，后又花费两千多两购买了十五亩桑地；至顺三年（公元1332年），《灵岩寺泉公首座寿塔碑》就说慈济禅师"遍山栽种，到处施功，广种杏桃，创修园果"。由此可见当时的灵岩寺僧人种植果树、菜圃，除了满足寺中僧人所需以外，也会拿来变卖换钱，甚至这些经济树种的收入一度超过佃户所给的佣金。《灵岩寺执照碑》就说："本寺即系与国家祝延祈福大禅寺，经今千余年，全凭本寺地土山场四至内诸树，修理殿宇房廊，养赡僧家。"除了上述的经济树种以外，马大相在《灵岩志》中还记载当时的灵岩寺出产花椒、白果、柏树、檀木、上水石等土特产。

随着经济和时代的发展，灵岩寺还开始涉足手工业，如碾硙、编草席、冶炼、开设蜡烛作坊、酿醋、做酒曲等。碾硙是寺院经营中比较常见的一种手工产业，就是利用水力或购买骡马驴等畜力，制造一个大磨盘，用来破麦制粉，即古代的碓磨和碓坊。由于碾硙需要庞大的资金作为本金来购置器具，所以古代碾硙业基本都掌握在财团、地主和寺院的手中，他们可以通过出租给老百姓，或者收取费用的方式来获取利益。而灵岩寺的碾硙不仅可以服务本寺僧人，同时也可以租赁给前文所说围绕在灵岩寺周围的佃户农庄，自然获利颇丰。

在《灵岩寺执照碑》中还记录了这么一件事，说的是延祐二年（公元1315年）三月初一长清县衙的人来找灵岩寺僧人，其中有个内吏府的差官叫作李忠显，他对灵岩寺的思让长老说灵岩寺九曲峪内出产银、铁、铜矿，这个地方并不在灵岩寺的土地范围之内，请寺院归还给政府。灵岩寺僧人们一听当然急了，就找出明昌五年刻的那块界石碑，来证明九曲峪是属于灵岩寺的。从这个记述来看，灵岩寺僧人当时或许还从事金属冶炼的行当，或者是将开矿权出售给某大户商人经营。

宋朝是我国商品经济发展的巅峰时期，到了元代之后，灵岩寺的僧人也开始从事一些经营类、经济类的活动来获取利益，例如开设旅馆、客栈以及仓库；设置典当行，做民间借贷；开设各种类目的商店，等等。《灵岩志》对此就明确记载："三等僧开设店铺，安下香客，呼为门头"。并且由于元朝当局的政策，灵岩寺的这些经济活动都受到政府保护，在这个前提下灵岩寺的僧人突破传统经济模式，利用寺院原本的雄厚资金开始从事一些金融类和经营类的经济活动。除此以外，元代灵岩寺还曾接受过数笔寺僧巨额的布施，如大德六年（公元1302年）月庵海公禅师"以己资饭僧万"；泰定三年（公元1326年），灵岩寺寿公禅师个人出资中统宝钞三千缗重修般舟殿，又出资一千五百缗重修西三门；天历二年（公元1329年），担任灵岩寺提点的举公捐赠了四顷良田，多为桑地和菜园。

灵岩寺的经济趋于多样性，收入越来越多，寺中的僧人也越来越多。根据《清安禅师道行碑记》记载，蒙元时期灵岩寺常驻僧人就多达数千，远远超过了唐宋巅峰时期的五六百人。同时寺院也对金朝末年因战争而导致"殿宇既漏日风穿"的寺院建筑进行了修整，使得灵岩寺昔日的胜迹重现光彩。至元二年（公元1336年），灵岩寺住持定岩长老历时六年建造了龙藏殿，后来成为灵岩寺的藏经楼，灵岩寺的名声也越来越响亮，盛况空前。

三、传承更迭

北宋中后期到金陵海王以前，临济宗不仅在山东佛教占据领导地位，而且也是灵岩寺最主要的宗门，特别是临济宗的黄龙派，更是在灵岩寺发扬光大，影响着整个山东佛教。随着金朝的衰落，山东佛教也开始发生翻天覆地的变化。首先就是黄龙派法脉在山东断绝，时与灵岩寺相隔不远的柳埠神通寺成为临济宗新的传法点，可元初的神通寺住持道兴禅师已经不是黄龙派，而是杨岐派，以至于这个时候杨岐派成了临济宗正宗，而黄龙派则不见踪影。

灵岩寺这边，早在北宋末年，被后世尊为曹洞宗八世祖的芙蓉道楷就来到山东沂州传授曹洞宗法门，是为山东佛教曹洞宗法脉之开始。之后于金皇统九年（公元1149年）就任灵岩寺第十一代住持的大明宝禅师便是道楷禅师弟子希辨的弟子，可惜大明宝禅师于次年便离开了灵岩寺，再加上当时临济宗黄龙派在灵岩寺极度强势，以至于曹洞宗法脉在灵岩寺并不受人重视。不过随着蒙元统治者支持曹洞宗，曹洞宗不仅在天下佛教中呈现独盛之势，在灵岩寺中也大为兴盛。

首先就是宪宗五年（公元1255年），金末元初曹洞宗高僧万松行秀的弟子德方出任灵岩寺第二十五代住持。在他的任内，灵岩寺不仅把被人侵占的庄产、田林都要了回来，而且殿阁、丈室等荒废建筑也被修缮一新。根据《泰安州长清县十方灵岩禅寺第二十六代福公禅师塔铭》，我们又可以得知继德方禅师之后，灵岩寺的新住持福公禅师从复庵禅师，亦属于曹洞宗。其任职灵岩寺住持长达十余年，任内"宗风大振，名重丛林"，所以灵岩寺曹洞宗真正名声大振应该就是在福公禅师担任灵岩寺住持期间。

曹洞宗在灵岩寺名气最大的还属于第二十八代住持净肃禅师。净肃禅师是曹洞宗高僧雪庭福裕的嫡传弟子，因自号足庵，所以世称足庵肃公禅师。足庵肃公禅师除了在灵岩寺传授曹洞宗法以外，对灵岩寺各大建筑也进行了扩建，《灵岩足庵肃公禅师道行碑》说他："次主灵岩八载，广阁大厦，橼间差脱，人不堪其忧，公为之一新，其余僧舍增新者百有余间，自来修营缔构无出其右。"足庵肃公禅师不仅对灵岩寺的各大建筑进行翻新，而且也大量扩建僧舍，以应对灵岩寺越来越多慕名前来修行的僧侣，在其任职的八年期间，可谓德高望重，寺中上下莫有不服从者。所以，足庵肃公禅师圆寂之后，寺中僧人为他在墓塔林中立塔树碑做传。

曹洞宗创派祖师良价禅师

"一个好汉三个帮"，在福公禅师担任住持期间，灵岩寺副长老普觉禅师也为灵岩寺建设做出了莫大的贡献。普觉禅师俗姓夏，扬州江都县人，十四岁便入灵岩寺出家为僧，后因在寺内表现出色，被朝廷封为灵岩寺副寺，赐法号"普觉大禅师"。普觉禅师担任副寺期间，见寺内佛经典籍多毁于战乱，僧人们缺少可供阅读学习的教材，于是感叹："天下三岩，灵岩为最，寺僧虽有，藏教殊无，其如法众看念何？其如云侣检阅何？"他认为一个寺庙，其最为重要的便是佛经典籍，在这种情况下普觉禅师带领寺中僧人，不辞辛劳地从杭州南山普宁寺印回《大藏经》一部，供寺中僧人阅读、学习。至元三十一年（公元1294年）普觉禅师圆寂之后，僧众将其安葬在墓塔林南侧的小林内。

大德初年任灵岩寺第三十一代住持的桂庵达公禅师也是曹洞宗传人，本号觉达，字彦通，桂庵为自号。桂庵达公禅师担任灵岩寺住持合计六年时期，这期间他"无者有之，旧者新之，破者完之，地土窄隘者宽阔之，园林斫伐者高纶言护持之。"算是令灵岩寺全部焕然一新的一代住持。寺内资产也在其任职期间不断增长，后灵岩寺僧众为其在墓塔林刻铭立石，以示纪念。桂庵达公禅师之后是第三十二代住持普耀月庵海公禅师，师号普耀，讳福海，自称月庵。至元十三年（公元1276年）刚刚出家不久的普耀月庵海公禅师"闻复庵（圆照）受大都万寿寺疏，遂北上入复庵室"，复庵圆照"见其颖悟特达，即以衣颂付之"，可见普耀月庵海公禅师还是曹洞宗传人。后大德二年（公元1298年）受宣政院委派，就任灵岩寺住持一职。普耀月庵海公禅师对灵岩寺的贡献主要也是对建筑的修缮，"遽命□师錾凿广平，隆殿堂于久替，新丈室三十余□，□宇无不备"。皇庆二年（公元1313年）圆寂后，灵岩寺僧众为其立碑起塔。

灵岩寺第三十三代住持叫作古岩就公禅师，他是足庵肃公禅师的嫡传弟子，普耀月庵海公禅师退堂之后，古岩就公禅师受皇太子敕令住持灵岩寺山门产业，史载"住持七载，前后一新"，被赐"妙严宏法大禅师"之号，后来因年事过高退隐灵栖庵守道。接任古岩就公禅师的灵岩寺第三十四代住持慧公禅师是其师弟。慧公禅师道号涌泉，袁州人，俗姓李，十六岁出家并拜足庵肃公禅师为师，他任职期间兢兢业业，灵岩寺也取得了不俗的成就。至治元年（公元1321年），息安让公禅师成为灵岩寺第三十九代住持。他是古岩就公禅师的弟子，仍为曹洞宗。

虽然从宋到元，灵岩寺所属宗派几经更迭，但大致和山东佛教乃至全国的佛教流行宗派保持一致。曹洞宗也有自身的特色，它注重师徒间的相互交往，即"四互"的方式来帮助弟子悟道，这也是为什么蒙元期间灵岩寺前后住持往往拥有师承关系的原因了。同时曹洞宗还主张"默照禅"，即以静坐看心为根本，达到最高觉悟境界。灵岩寺人杰地灵，环境清幽，不受世俗打扰，也算是曹洞宗最佳的修行地点了。

四、隐士笔墨

蒙元统治期间，汉人学子多数不受待见，怀才不遇成为普遍的现象，在这种情况下叹世归隐者自然增加，而处于泰山北麓，山水清幽的灵岩寺就成为很多人的首要选择。例如元代著名术士、著有《麻衣相书》的李坚就曾隐居在灵岩寺鸡鸣山，后人遂把他隐居过的山洞取名为"麻衣洞"；另一位隐居灵岩寺较为著名的文人为元代著名散曲家杜仁杰，字仲梁，号止轩，本身就是长清人，史载其"德行文章冠冕南北"。后来元世祖忽必烈听闻杜仁杰的贤名，于是邀请他出任翰林承旨，可杜仁杰为人傲气，拒绝了忽必烈，在灵岩山和五峰山之间隐居，就是现灵岩寺龟泉西一带。在他80岁的时候，面对自己居住了大半辈子的灵岩山，或许也是有感自己时日不多，于是写下《游灵岩寺》一诗："涧水消尽水声喧，山杏开时雪满川。老木嵌空从太古，断碑留语自前贤。蓬莱不合居平陆，兜率何为卜半天。金色界中无量在，可能此地了残年。"在杜仁杰的眼中，灵岩山堪比蓬莱仙岛、兜率天宫等仙境，哪怕在这里度过人生最后的时光，也应该是满足的。这首《游灵岩寺》是杜仁杰生前的最后一首诗。

在今灵岩寺山门前广场中西向，有一块立于元至正四年（公元1344年），竖列"大灵岩寺"四字的石碑，碑阴镌蒙古僧家奴跋语，是为灵岩寺的书法精品，作者为西夏人文书讷。文书讷，字国贤，自号双泉，出身于西夏世家，根据《灵岩志》记载，当时文书讷任山东东西道肃政廉访副使，他在前往益都赴任途中游览灵岩寺，发现"山川峻秀，殿宇雄杰，碑述已详。而有大阙者，纪寺之名未有一书者焉"，又受定岩禅师邀请，便大笔一挥，留下了"大灵岩寺"四个字。

党怀英的《十方灵岩寺记碑》碑阴刻有一首《游灵岩留题》诗，作者为元朝刘德渊，同样也是对灵岩寺风景的赞美。该诗曰："天下三岩自古传，灵岩的是梵王天。群峰环寺连丛柏，双鹤盘空涌二泉。此日登临惊绝景，当年经构仰良缘。停云为忆寥休子，好伴真游社白莲。"此外，元代著名文人，被誉为金元时期北方文学代表的元好问也曾到过灵岩寺，他在《东游略记》一文提到北宋时期文人墨客于灵岩寺的赋诗，他说："灵岩……寺壁石刻甚多，有张掞叔文、苏辙子由、吴栻顾道诗，余人不能悉记。"可见元好问是实实在在到过灵岩寺的，可惜他并未留下诗句。

虽然元好问没有留下笔墨，但是他的学生，元代著名诗人、古文学家郝经在元宪宗五年（公元1255年）担任宣抚副使期间过青州，就特意赴灵岩寺一游，作《游灵岩寺》一诗，其诗首写道："乙师秋九月十九日登泰山，十二日下太平顶，避游灵岩寺。"全诗曰："岱宗西北驰，倒卷碧玉环。岳灵秘雄丽，势欲藏三山。初从谷口入，两崦争潺湲。渐疑下地底，细路深屈盘。仰视觉天窄，石井攒峰峦。陆海沙劫开，突兀仁王坛。桐鲸吼西风，栋宇横高寒。石龙喷清泉，洒落几案间。修竹扫山色，莹绿穿云根。丹凤饥不来，寂寞青琅玕。上方在天上，下视无尘寰。空霏锁霜树，翠锦蒙朱殿。西日回清辉，轻金满烟鬟。何时脱世网，挂席高盘桓。静境求初心，滞虑驱万端。向晚苍烟合，更欲穷跻攀。路断不得前，矫首重一看。"这首诗既有对灵岩寺风景的夸赞，也有对其仕途的勉励。

除了以上几人以外，至元二十年（公元1283年），元朝著名文学家王辉在任职山东西道按察副使任上也曾游览灵岩寺，并留诗二题共四首，都是对灵岩寺佛学深厚和风景秀美的赞扬。例如他在《灵岩寺二十六韵》中写道："中土论名刹，兹山第一岩。地灵连海岱，境胜隔仙凡。"根据王辉自己所言，他与灵岩寺颇有佛缘，"余三十年前梦游一寺，其形势殿合，殆与此间不异"。这里很可能是王辉想要附会灵岩寺的名气，才说自己三十年前梦到过灵岩寺，为此他在《灵岩寺三首》中写道："唤回三十年前梦，此日登临慰宿心。"

总的来看，蒙元一朝，踏足灵岩寺的文人墨客并不多，题诗质量也颇为一般，有些只是纯粹的写景，再无情景结合的精品之作。

五、海外交流

蒙元期间，灵岩寺除了自身建设、宗风更迭以及寺院市场经济发达以外，还值得一说的就是内外的佛学交流。根据文献记载，当时灵岩寺有多位高僧被元朝政府派遣到其他寺院担任住持等僧职，同时少林寺中的圆照大师本身便是曹洞宗的高僧，亦曾数次游历灵岩寺。中统二年（公元1261年）六月，圆照大师重游灵岩寺时遂赋诗一首，曰："再到灵岩古道场，俨然乔木蔽云房。十分山色四时好，一味松风六月凉。老树挂藤侵石壁，落花随水入池塘。主人乞与禅床卧，梦里如闻天上香。"称颂诗倒是其次，不过从圆照大师三番五次前往灵岩寺进行佛学交流来看，当时灵岩寺在曹洞宗的地位必定不低。

除了与其他寺院的来往以外，灵岩寺甚至还开设分寺。至元十三年（公元1276年），原灵岩寺住持复公禅师带着弟子浩公禅师到长清县崮山东南关王村人头山重修衔草寺，并且开堂收徒，在灵岩寺丰富资源的帮助下，衔草寺一度非常兴旺，寺院庙宇连栋，香火不断，俨然已经是灵岩寺的下院。不过可惜的是，衔草寺在明末开始衰落，最后只剩遗迹，在现衔草寺遗址上，还有一座平面呈方形的元代石塔，石塔西南面则有一尊矗立的钟形墓塔，该塔形体高大，上有雕刻纹路，清晰细致，为当时浩公禅师的墓塔。

元朝时期，除了和国内的寺院进行佛教交流以外，灵岩寺还和日本佛教有过一段佛缘。在现灵岩寺墓塔林中，有一塔铭为至治元年（公元1321年）灵岩寺第三十九代住持息庵让公禅师所立，值得一提的是，为该塔铭撰文的人乃是日本国山阴道但州正法禅寺住持沙门邵元。邵元，俗姓源氏，号古源，是日本国越前州人。根据文献记载，邵元禅师先在日本东福寺出家，因佛学深厚被举荐为日本国山阴道但州正法禅寺住持。1327年，有感于日本国内佛法的不完善，邵元禅师遂到中国取经，他遍访天台山、天目山、五台山、金山寺等佛教圣地，虚心求教，不仅深受中国僧众的尊敬，而且其自身佛法也更为精纯，乃至于少林寺也邀请他担任首座僧职。

而当时担任少林寺住持的正是原先灵岩寺住持息庵让公禅师，由此邵元禅师和息庵让公禅师在共处之中结下了深厚的友谊，两人还一同筹铸大铁钟一座。后来，息庵让公禅师在少林寺圆寂，基于其生前对中国佛教的贡献和友情，邵元禅师于是为之撰写碑文，他说："息庵师乃大宗匠，而道价超伦之人也。""师之生世，幼而至于壮，壮而至于老，皆道丰时盛，而得遂其志，以至嫡嗣古岩大和尚，而天下禅老谁能出于其右乎？主于灵岩天下名刹，谁闻而不仰于其风欤？终于少林，天下宗风谁敢不偃于其学欤？"不仅表达了自己对于息庵让公禅师的钦佩，也描述了息庵让公禅师光彩夺目的一生，以及为灵岩寺和少林寺所做的贡献。后来，灵岩寺僧众在息庵让公禅师圆寂之后，分其灵骨葬于墓塔林，以示纪念。

奈良大安寺僧人延庆迎接鉴真到太宰府——《东征传绘卷》

邵元禅师撰文的这块息庵碑，不仅是两人情义的体现，而且对于元朝时期我国佛教和日本佛教的交流，既是首例，也是见证，这在《元史》中都未有记载。所以，这块碑文早就为后代金石学家所注意，并记入专著，如清朝金棨的《泰山志》、叶昌炽的《语石》等书。连郭沫若也说这是中日人民交往的象征，并为之赋诗，曰："息庵碑是邵元文，求法来唐不让仁；愿作典型千万代，相师相学倍相亲。"学界对此处真伪有争议、讨论，在此我们就不展开了。

除此之外，息庵碑的碑铭上还有由中奉大夫、摄圆照普门光显大禅师益吉祥篆额，中奉大夫为文官之称，从二品。虽然大家都知道息庵让公禅师能先后历任灵岩寺和少林寺住持，一定有僧官品阶在身，但是直接在碑铭上写明的，泰山地区只此一例。可见息庵碑具有历史文物价值。

总之，元朝时期，灵岩寺的发展还算顺利，维持了寺院原本的繁华，应该说这是很不容易的。

JINAN 济南故事

第九章

世间有蓬莱

一、永乐北藏

明朝建立之后，总体而言对于佛教还是颇为扶持的，毕竟明太祖朱元璋早年出身僧侣，受过佛寺之恩。他认为："佛教肇兴西土，流传遍被华夷，善世凶顽，佐王纲而理道；古今崇瞻，由慈心而愿重。是故出三界而脱沉沦，永彰不灭。"说白了就是佛教虽然出自西土，但是它的政治功能是有助于维持国家安宁的。为此，洪武元年（公元1368年）朱元璋就在南京天界设立善世院，由慧昙禅师管领佛教，又置统领、副统领、赞教、纪化等僧官，以掌全国名山大刹住持的任免。其中更为重要的一点是，虽然元朝对佛教颇为扶持，可主要是以藏传佛教也就是喇嘛教为主，而明朝则吸取了这个教训，转而扶持汉地传统的佛教宗派。在这种情况下，禅宗、律宗、临济宗、天台宗等宗派逐渐恢复发展，一派欣欣向荣。

有了官方的扶持，灵岩寺的香火也开始逐渐恢复，最值得一提的就是明英宗朱祁镇在位时所敕赐的《大藏经》。在灵岩寺天王殿东侧有一块《明圣旨碑》，其中就有此次敕赐的相关内容，"朕体天地保民之心，恭成皇曾祖考之志，刊印大藏经典，颁赐天下，用广流传。兹以一藏安置山东济南府长清县灵岩禅寺，永充供委，德行□僧官、僧徒□□说扬。□□国家□□□与生民祈福，务须敬奉守护，不可纵容闲杂之人私借观玩，轻慢亵渎，致有损坏遗失。敢有违者，必究治之。谕。正统十年（公元1445年）二月十五日。"为什么朱祁镇要给灵岩寺敕赐这样一卷《大藏经》呢？这《大藏经》又有什么来历呢？

原来，永乐十九年（公元1421年），明成祖朱棣迁都北京，为感谢皇考皇妣（父母）的生育之恩，敕命司礼监雕刻《大藏经》，并分发给天下名寺。不过朱棣并没有等到《大藏经》雕刻完工的那一天，直至明英宗正统五年（公元1440年）才刻成，全称为《大明三藏圣教北藏》，而为了区别朱元璋在金陵（南京）所刻的《南藏》，故称《永乐北藏》。该经共收书1 621种，6 361卷，636函，千字文编号始"天"终"石"。根据文献记载，该经被分别封装

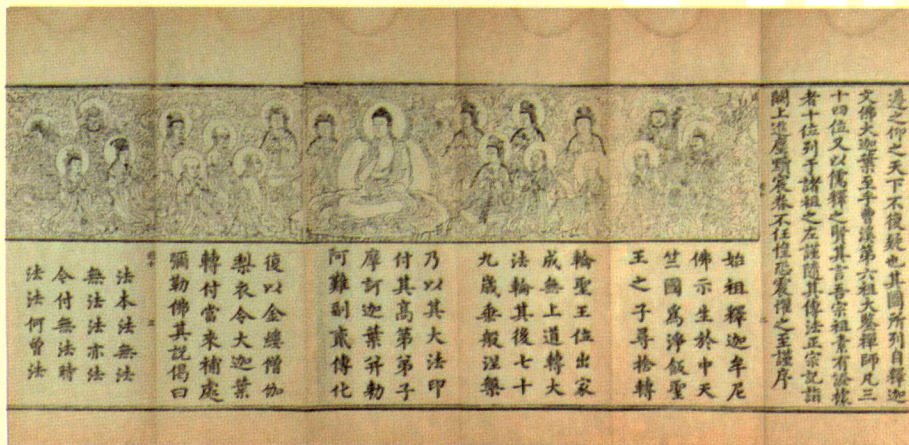

明永乐北藏刻本（局部）

于明制的10个大经橱中，每个橱内制64个经匣，每匣装一经函经，目录与佛经同期雕印。和《永乐北藏》一起的还有明英宗敕赐经书的圣旨四卷，由此可见灵岩寺作为敕赐之列的寺院，这次敕赐的规格之高，不论是对灵岩寺政治地位的提升还是对灵岩寺天下四大名刹地位的肯定，都是明初灵岩寺的荣耀。可惜的是，这部《永乐北藏》在灵岩寺已经遗失，目前还藏有完整《永乐北藏》的寺院仅为甘肃张掖的大佛寺。

到了明宪宗朱见深在位的时候，灵岩寺主要发生了两件事，一是朱见深把灵岩寺更名为"敕赐崇善禅寺"，有了"敕赐"两个字的加持，灵岩寺当时在北方的政治地位陡然增高。另一件事则是成化十五年（公元1479年），时御马监太监钱喜祭祀泰山返回时，见灵岩寺寺产遭到周围百姓的侵犯，"军民人等牧放牛马，斫伐竹木，作践祠垣"，于是将之禀报给明宪宗。为此明宪宗朱见深亲自下旨，要求济南当地政府必须保证灵岩寺的寺产不受侵犯，"敢有不尊朕命，故意生事，侮慢欺凌以沮其教，悉论之以法，故谕。"从该圣旨的言辞可以看出朱见深对于灵岩寺的重视，为此他还不放心，特意提升灵岩寺至琮禅师为僧录司右觉义，从八品僧官，最终保护了灵岩寺的资产。那这里就有人问了，朱见深把灵岩寺改了名字，为什么现在还叫作灵岩寺呢？这是因为明世宗朱厚熜在位期间又把名字改回"灵岩寺"了，由此灵岩寺寺名便延续至今未曾改动。

明神宗朱翊钧在位期间，灵岩寺又发生了一件大事，那就是灵岩寺接收了《永乐北藏》中的《续入藏经》，至此灵岩寺把所有《永乐北藏》都收录寺内，延续了灵岩寺作为天下四大名刹的盛名，也是终明一朝灵岩寺内所发生的第一大盛事。那这《续入藏经》又是怎么来的呢？根据历史文献记载，明神宗朱翊钧生母李太后信奉佛教，朱翊钧耳濡目染之下亦对佛学倾心，于是亲自书写《金刚经》以表达自己对佛教的尊敬。到了明万历十二年（公元1584年），朱翊钧下令开始雕造《永乐北藏》中的《续入藏经》，并亲自为此作序。该经直到万历二十七年（公元1599年）才最终雕刻完成，共计四十一函，收经三十六部、四百一十卷，而灵岩寺作为英宗朝的录经之寺，这次当然也在其中，朱翊钧也因此再下了一道圣旨给灵岩寺，曰："敕谕山东济南府长清县护国灵岩寺住持及僧众人等。朕惟自古帝王以儒道治天下，而儒术之外，复有释教相翼并行……命所司印造全藏六百七十函，施舍在京及天下名山寺院，永垂不朽，庶表朕敬天法祖之意，弘仁普济之诚，使海内共享无为之福……"

从这道圣旨中我们可以看出明朝对于佛教的态度。虽然表面上明朝政府扶持佛教，但终究只是利用其政治价值来维持统治。终明一朝，虽然历代帝王对佛教都有所护持，但是即使如灵岩寺这样的天下名寺，亦没有太大的发展和突破。

二、高僧典故

由于明朝特殊的佛教环境，灵岩寺在这段时间内并没有多少举世闻名的高僧大德，但是对于本寺的建设，却依旧有诸多住持前来出面维持。明初"靖难之役"的时候，济南成为南下勤王的朱棣和坐镇金陵的建文帝朱允炆交锋中心，当时济南守将铁铉更是率众坚守城池达一年之久，济南城和灵岩寺都遭受了兵火涂炭。所幸当时担任灵岩寺知事的普照禅师，带领僧众小心翼翼地维护寺院，整理断壁残垣，使得灵岩寺不至于寺倒僧散。《灵岩志》对此记载道："普照，济宁人，永乐三年，卓锡灵岩时，当兵火之余，日夜拮据。不惮勤苦，整理残刹，恢复山林，功莫大焉。"

在当时情况下，普照禅师能够维持寺院正常运行已然不容易，而真正使得灵岩寺再次兴盛的，则是前文提及被明宪宗封为从八品官僧的灵岩寺住持至珤禅师。由于至珤禅师的特殊贡献，灵岩寺僧众甚至把他誉为"重开山第一代祖"。也正是在这些寺院高僧的努力下，灵岩寺逐渐恢复了往日的兴盛，其中有明人在隆庆五年（公元1571年）八月十日记载了当时灵岩寺举行法会的盛况："飞觞方半，会僧人以梵乐登塔顶奏之，声闻数十里。如钧天广乐，玉帝辇下，待朱幡火铃，霓裳羽奏。又如诸天庄严来谒佛所，而陵迎、螺贝、法鼓相参发也，时顿忘身在人间。"当时灵岩寺的法会之隆重，已经全然是鼎盛时期的景象。

虽说终明一朝灵岩寺高僧数量远远低于其他朝代，但是明末时灵岩寺却出现了一位被誉为明末四大师之一的紫柏尊者。紫柏尊者，法名达观，又称真可，晚号紫柏，明朝南直隶吴江人（今苏州吴江区）。紫柏尊者十七岁时于苏州虎丘云岩寺出家，后受教于虎丘明觉禅师、华严宗遍融真圆、临济宗笑岩德宝等高僧大德，紫柏尊者遂将各宗宗法融会贯通，功业大进，并提出了"禅教合一，会通性相，三教同源"的思想，深受当时崇佛的明神宗生母李太后欣赏，于万历初年获朝廷赐紫，成为当世高僧。

万历十六年（公元1588年），紫柏尊者来到山东长清县五峰山，后至灵岩寺。然而，摆在他面前的这座天下名刹当时不仅寺院建筑年久失修，一片破败之象，更是已经

明末四大禅师之紫柏像

长达几十年没有住持之人，寺中既无梵音，也没有香客。见灵岩寺如此，紫柏尊者亦内生悲凉，甚至作了一首《哀灵岩寺僧歌》，其内道："莫谓出家好，山居绝闲扰，年来苦更多，开口向谁道……君不见灵岩寺，大小禅房皆废弃，老僧乞食未归来，白骨不知葬何地……"，一面是在述说出家之苦和灵岩寺的凄惨之状，另一面则是痛斥明朝佛学的衰落和世俗化，紫柏尊者最后唱道："流泉声，难可听，谁谓灵岩四绝英，松风今做断肠吟，木偶闻之亦落泪。"

紫柏尊者立志要恢复灵岩寺的昔日风采。他一边在灵岩寺开坛讲法，将自己所学精华倾囊传授给灵岩寺僧众，并鼓励灵岩寺僧众不要放弃寺院，告诉他们如何招待前来灵岩寺游玩的香客。马大相在《灵岩志》里对紫柏尊者所述内容记道："我辈既入不二法门，须要认定心即是佛，时时刻刻返光内照，无愧于心，便无愧于佛，亦无愧于人矣……至于宾客览胜而来，慎勿谈其游兴，须效远公待渊明，佛印待子瞻故事，如此名胜之地，我辈岂可独擅哉！"另外，紫柏尊者积极筹款为灵岩寺重修建筑，他劝说济南的藩王德定王出资重修灵岩寺最重要的大殿千佛殿。紫柏尊者的好友，别号金沙居士的傅光宅在《重修千佛殿记并词》中写道："先是丁亥之春，有密藏上人结盟于林壑，戊子之夏，则达观和尚说法于山岩，于时典宝副陈者奉，方奉王（德王）命督理寺工，受一言于密藏，投五体于达观，奉戒精严，监工勤慎。"工成之后，"山门炳焕，殿宇崔崴"。

由此可见，因为紫柏尊者的到来，当时济南权贵因慕其名而倾囊资助灵岩寺，各种修缮工作得以顺利进行。除了开坛说法、重修殿宇以外，紫柏尊者还在灵岩寺多方游览，留下笔墨，比如他看到灵岩寺唐朝住持慧崇禅师的墓塔，不仅上前礼拜，而且还写诗道："龙盂盛得玉泉流，法雨慈云处处周。崖树犹含天宝色，西风落叶不胜秋。"在今灵岩寺御书阁中，有一块《大悲菩萨赞》碑，其诗文曰："神通大光明藏，何曾有头有尾，菩萨深慈大悲，示现百千手眼，识得无头无尾，即解兴波作浪，种种手眼逆顺，见前阿谁不能，若不了此神通，便被手眼惑去。"落款为"万历戊子秋七月，释真可撰，河南道监察御史，聊城傅光宅书。"可见该碑文的作者就是紫柏尊者，而书法则来自其好友傅光宅。

傅光宅，万历五年（公元1577年）进士，后累赠中宪大夫，重庆府知府，世称中宪公。傅光宅为人好佛，在佛学上有着颇深的造诣，与紫柏尊者有着深厚的友谊，所以紫柏尊者在日后不论是经藏上的刊刻还是对寺院的兴修上，傅光宅都倾力相助。后来，紫柏尊者到了灵岩寺，傅光宅作《灵岩礼达观禅师》诗与之唱和，曰："峦巘西盘宝地开，高僧结夏此徘徊。为愁金锡飞空去，遥望珠林触暑来。定里苔痕侵草座，经残月色满香台。谁堪入室传心印，流水声中问渡怀。"两人的僧俗交往，一度成为灵岩寺佳话。例如现在灵岩寺北墙外山坡石壁上，就有"龙藏"题刻，两字横列，字径80厘米，行书，左右各书小字，曰："供养达观尊者，聊城九岁童傅尔庚书"。傅尔庚就是傅光宅的儿子，后于万历四十三年（公元1615年）中举，这里的题刻说的是傅尔庚年幼之时，紫柏尊者对他的谆谆教诲。

在今灵岩寺，有一著名景点叫作"可公床"，可公床为一平卧大石，据说紫柏尊者经常在该石上坐禅，于是弟子们便把之唤作"可公床"。可公床的西侧石壁刻有《朗公传》摩崖石刻，《泰山新志》说是紫柏尊者所书刻，今已证明这是谣传，实为明末清初的僧人所刻。《灵岩志》中，紫柏尊者是"高僧"条目的最后一位。可惜的是，万历三十一年（公元1603年）紫柏尊者因"妖书"案受牵连，遭人诽谤而被逮捕入狱，随后在狱中圆寂，时年六十一岁。

三、重修建筑

在上一节中，我们谈到了灵岩寺一片破败，济南德王府对灵岩寺寺院建筑重修资金的捐赠，实际上除了上文中的千佛殿以外，德王一脉对灵岩寺的帮助远不于此。德王是明英宗朱祁镇第二子朱见潾及其嫡系子孙的封号，根据文献记载，初代德王朱见潾先是被封德州，后改济南，于成化三年（公元1467年）就藩，至明朝灭亡共传七世，封亲王、郡王34人。

德王一脉第一次对灵岩寺进行资助是在明嘉靖二十四年（公元1545

年），《灵岩志》对此记载："转轮藏：即梵王宫，在献殿东南路北。明嘉靖中，德王重修。"也就是说这次德王修的是灵岩寺中的转轮藏殿。实际上早在正德年间，德王有可能就对灵岩寺进行过资助，因为《灵岩志》有一段对献殿的记载，其文曰献殿："为礼拜五花殿之前殿也。明正德中，鲁王捐资塑大佛像三尊于内。而五花殿反为所障，竟以此殿称灵岩之大殿矣。"也就是说，因为

20世纪60年代的济南珍珠泉大院卫星图，即原明朝德王府

鲁王给献殿捐了三尊气势宏伟的大佛，于是献殿便挡了五花殿的风采，成为灵岩寺大殿。然而，鲁王为山东兖州的藩王，不仅与济南毫无关系，而且相距较远，捐赠如此巨大的佛像给灵岩寺，颇为不可能。所以，这里的鲁王恐怕是德王的误记。

德王一脉第二次对灵岩寺资助是在明嘉靖三十八年（公元1559年），先前在论及灵岩寺著名景点证盟功德龛的时候，说它还有个名字叫作"红门"，就是因为证盟功德龛外面方形石室的外壁是朱红色的，而这个方形石室正是德王于此时资助修建的。等到气候潮湿，青苔满壁，远看此处恰如"万绿丛中一点红"，有一种无法言说的美感。

到了万历戊子年（公元1588年）秋九月，始建于宋大观三年（公元1109年）的御书阁已经破败不堪，再加上里面的御书皆在战乱中被毁，导致此阁不再被人关注。而这一年，德王府先是在把当年净照禅师立在殿前的石碑重刻

再立，又在阁里面塑了一座大悲菩萨像。不过到了崇祯年，寺中的僧人又把菩萨像换成了玉皇大帝像，马大相评价"皆失其名阁之意矣"。

在现千佛殿正脊檩下方嵌有"大明万历十五年德藩施资重修"的字样，这正是前文所述德王对千佛殿的重修事迹，对此过程不再赘述。这次重修对灵岩寺来说可谓意义重大，不仅使得千佛殿成为延续至今的天下名殿、灵岩寺最重要的殿宇，而且也正是在这次重修之后，使得灵岩寺僧众把原本存放在般舟殿内的三十二尊宋朝彩塑罗汉像移入修缮一新的千佛殿内，进一步奠定了千佛殿的地位。除此之外，我们看到现千佛殿正中一共有三大主佛，其中毗卢遮那佛像为宋治平二年从钱塘运来；明成化十三年（公元1477年），信徒孙海通发愿募施，用5 000斤铜铸成药师卢舍那佛，摆于千佛殿内；明嘉靖二十二年（公元1543年），信徒贾信施资用铜4000斤铸造阿弥陀佛。至此，千佛殿三大主佛皆已完成，中为"法身"，东侧为"报身"，西为"应身"。

2006年9月的一次灵岩寺考古中，工作人员在灵岩寺般舟殿遗址西北向的山坡上发现了一通刻于明崇祯七年（公元1634年）的《令旨》圆首方碑，上书："泰岱西北之麓有灵岩寺，翠微环抱，甘露淳流，称海内之奇观也。寺有卧佛殿，建立年久圮坏，不堪金像浅淡，瞻以无光，今蒙亲潜德国主驾幸山场，大展仁慈，施资重建，令遣信官萧忠督管修理，工已告成，焕然一新，金像璀巍，愈增炽盛其工其德……"

这是德王一脉资助灵岩寺的实物证据，文中记述不仅表明了德王对于重修灵岩寺卧佛殿的事迹，而且也说明德王一脉对灵岩寺的资助基本贯穿了整个明王朝时期，这在其他朝代或者说明朝其他藩王间都是罕见的，也证明了终明一朝，灵岩寺虽然历经风雨，几番兴亡，但始终得到济南藩王的青睐，拥有极高的政治地位。

明朝时期，除了德王一脉资助寺院修整以外，灵岩寺还值得一说就是重修崇兴桥以及新建桥梁。崇兴桥为宋徽宗大观二年（公元1108年）灵岩寺住持仁钦禅师为方便百姓入寺而带领僧众修建的，后来不幸毁于山洪。到了嘉靖丙申年（公元1536年），当时临清的百姓在登泰山途中发现崇兴桥毁坏严重，带来极大的不便，于是商议集资修建新桥梁。耗时两年，终于在这灵岩寺山门咽喉之地将崇兴桥修好了，因此，人们遂把桥改名为"通灵桥"，意为通往灵岩寺的桥，即"鸠工伐石，越明年功始讫。桥长一十有三丈，阔二丈又五尺，深五丈。旁有槛，槛皆凿兽形。忽于云雾中见之，其长虹亘洞乎，苍龙横谷乎，伟哉！壮灵岩之佳丽焉。"这座桥不仅方便了交通，还颇为美观。

在通灵桥（又名大石桥）东，明朝僧人在这里又修建了一座小石桥，叫"明空桥"。因为灵岩寺多松柏，桥头古柏森森，松门做拱，所以又叫作"对松桥"。松谐音为送，所以这里就成为灵岩寺僧侣们迎客和送客的地点。在灵岩寺最外围的饮马沟上，也有一座小石桥，该桥桥栏望柱上刻有精巧逼真的石狮，桥头北面崖壁上镶嵌"十里松"大字石刻，为万历年间户部主事刘亮采所书。这座桥叫作新石桥，为天启年间灵岩寺园桂长老所修。而在灵岩寺的山门之内一共有三座石桥，中间的叫作聚善桥，东边的叫作虎溪桥，西边的叫作接引桥。根据《灵岩志》记载，这些桥也在明嘉靖中期经历了重修。

此外还值得一说的就是五花殿，五花殿在初建时极为繁华，明正统初年，

十里松

灵岩寺志昂长老在筹款重建五花殿时说："五花殿之废也十有七年矣"，这说明五花殿在永乐十七年（公元1419年）经历了一次倒塌。不过重修五花殿显然不是一朝一夕的事情，《灵岩志》中还有"明正统五年，至琮长老重建"的记载，可见重修五花殿一事耗费了灵岩寺两代住持合计五年的时间。不过五花殿的重修应该是颇为成功的，因为正统中，翰林院编修许彬在游览灵岩寺时，题诗《留题灵岩二首》中写道："五花新殿凌霄汉，画拱雕甍几百重。"景泰五年（公元1454年），都御史徐有贞在游览灵岩寺后留下的《灵岩行》中也说："中分三十六禅院，最好无如五花殿。"五花殿如此精美，也难怪前后修缮要花费五年之久了。

四、山川美色

相对于蒙元时期，明朝围绕灵岩寺留下笔墨的文人显然增多了不少，其中最值得说到的就是历城著名隐士刘亮采。清代志怪小说家蒲松龄在其名著《聊斋志异》中，还特别写了一篇文章叫作《刘亮采》，说其为狐妖转世，就是以明刘亮采为蓝本所创的。

刘亮采在隐居灵岩寺期间，留下了两首诗，即《宿玉光上人兰若二首》，其一："客身应不住，何地更言归。带月沿溪路，披云叩洞扉。悬灯瞻古像，敷座拥缊衣。问遍征心处，无如但息机。"其二："甘露泉头石，偏宜月下凭。云归山一色，水落涧多层。幽壑栖灵物，长林散佛灯。吾生有习气，每欲作诗僧。"在这首诗中，刘亮采的禅心可谓溢于言表了。

在明朝与灵岩寺结缘并留下笔墨的文人之中，数明朝中期文学领袖、史学家、"后七子"领袖王世贞最为出名。王世贞曾多次游览灵岩寺，不仅对灵岩寺美景赞不绝口，而且对灵岩寺千年盛名钦佩不已，更是留下《陪侍御君登览灵岩寺》两首，以及《游灵岩寺十二韵》和《再游灵岩寺十二韵》各一首，可见他对于灵岩寺的看重。《陪侍御君登览灵岩寺》其一："群山抱兰若，孤塔界晴空。未沐菩提雨，时闻檐卜风。使星聊一驻，佛日暂相同。倘借支公马，

英中堂宅曲

孙少帝收启

泰叩。

世好晤语参由上々

中堂兄

思远戎、

萱大人之姝随侍同行、祥闽信後宜需寸丹盂附具参枝

宅内篇人（董成达趋赴前途代妙叩诸

慈安、惟闽山迢隔未知曾否达览、

中堂到戎贵體若何、殊深依恋起通日 宅内禀报 顺通书

希将戎两情形、随时

附苇禀安盂

赐示八慰驰忱写念

"后七子"领袖王世贞书法手迹《弇州山人尺牍》

长陪鲍氏骢。"其二："径折全疑尽，峰回陡自开。苍然万山色，忽拥岱宗来。碧涧传僧梵，青天落酒杯。雄风别有赋，不羡楚兰台。"《游灵岩寺十二韵》："见语灵岩胜，还惊忽道旁。天垂孤刹出，地转万峰藏。桥石鲸飞动，烟岚鹭渺茫。山形界齐鲁，榜子接隋唐……胸留只树色，春勒宝花香。伏水侵禅座，归云护讲堂。慈篁深岁月，忍草足冰霜。饱进茵陈饭，眠酣薜荔房。微吟和清磬，步屟信回廊。许掾谈谁解，陶公醉不妨。莫疑车马客，尔亦困津梁。"《再游灵岩寺十二韵》："为舍祇园竹，名山结愿偏。登临悦初地，徙倚更诸天。不改芙蓉色，微添萝薜烟。松云移叠嶂，花语助鸣泉。芒屩青从引，苔衣碧任穿。井犹双鹤浴，瀑似片虹悬。磬发僧归定，灯余客借传……未叩无生理，聊追有漏缘。空闻飞锡杖，不见布金田。尽劫终成幻，降心迈离禅。只应何所住，一钵付流年。"

公允来说，不论是艺术价值还是从诗词鉴赏角度来说，王世贞的这四首灵岩寺诗为所有历代灵岩寺游诗之最，情景交融，令人身临其境。王世贞的弟弟王世懋北上京师路过长清县的时候，也曾绕道看望当时在灵岩寺的好友舒、陈两公，并在游览完灵岩寺后亦留下《游灵岩记》散文一篇，文中还提到了他哥哥王世贞的名句"灵岩是泰山背最幽绝处，游泰山不至灵岩不成游也"。王世懋是嘉靖年间进士，官至太常少卿，善诗文，著作颇丰，享有才子之名，无奈其兄王世贞名声实在太大，所以王世懋往往为其锋芒所掩盖。

明朝末年，亦有许多文人游览灵岩寺并留下笔墨，如明朝著名心学家王守仁担任山东乡试考官的时候就曾游览灵岩寺，并赋诗曰："山僧出延客，经营设酒醴。导引入云雾，峻陟历堂陛。石田惟种椒，晚炊乃有米。"描绘了灵岩寺僧人的日常生活，也算是非常独特别致的一首诗。"前七子"之一、明朝著名诗人、济南历城人边贡也曾到过灵岩寺，并留下《游灵岩寺六律》两首。

此外，还有明末著名政治家于慎行，他是山东东阿人（山东平阴县东阿镇），根据其所作《谷城山馆诗集》记载，于慎行曾数次游历泰山和灵岩寺，并留有《灵岩禅室子冲、兴甫夜饮大醉》《朗公石》等相关诗文十三篇。明末政治家徐源也到过灵岩寺，他在《灵岩寺纪游》中说："黄昏骑马入山来，侵晓登临景色开，岛屿回环楼阁耸，只疑人世有蓬莱。"

灵岩寺以其堪比蓬莱仙境的景色，一直吸引着文人墨客的到来，寺名和山名一同传播，相得益彰，也让灵岩寺即使面临再大的风浪，也可以重生再盛，这里不得不感叹当初朗公僧和法定禅师的眼光独到。

五、公署入寺

在明朝的时候，还有一个特殊现象对灵岩寺影响很大，这里不得不提，那就是明朝政府曾一度把屯院、守道公署和巡道公署这样的政府机构驻地设在灵岩寺，这不仅在灵岩寺的历史上是头一次也是唯一一次，放眼整个古代佛教史和政治史，都是不多见的。

马大相在《灵岩志》中如此记载这种特殊情况："察院，即咨竹轩，原默照堂。前朝有屯院巡历山东，例不进省，定例灵岩。一案考察济属官吏，今废。"又"前朝部院临寺，则司道陪巡，三司及学道或至或不至，而守巡两道乃必至者，古皆设共署。"也就是说，明朝曾把山东都察院设置在灵岩寺，就在原来默照堂内，现在叫作咨竹轩。也是因此，所以守道公署和巡道公署就必须设在灵岩寺，其中司道培训、三司和学道就有时候在，有时候不在。崇祯初年，山东屯院监查御史郭永昌在灵岩寺办公的时候就曾作《灵岩纪游》，其文曰："守道康公虽殷勤召饮，而喝道看山，殊觉行秽，未知何年遂衲衣证也。"一边办公、一边说道看山，也算是劳逸结合了，只是依旧有公务困扰，职责所在，也属难免。

因公驻寺和闲情游览当然是两种不同的心境，下面就有一段因公驻寺的官员在灵岩寺时的自白，或许能够表达这种情绪差异一二，"予每至灵岩，每遍读古今名人诗文石刻，至昔仁钦和尚所咏十二景诗，凡若干首。三四读之，慨诸景笔迹之尚存，而斯人不可睹。乃一一和之，留方丈壁间。不意今长老然公诺庵砻石，复求予书，以志永久，遂不辞而书。"对于这些官员来说，在灵岩寺办公，虽说多了一份宁静，少了点尘俗的牵绊，但是公务在上，往往就会令人产生对万事万物的感慨，更何况还是都察院这种特殊的部门。

虽说公署入寺有搅佛门清净，却也在无意之间维持了灵岩寺的经营与发展，不至于破败过甚，只是如今也无法得知这项制度的起始和结束。另外一点就是由于官员的增多，灵岩寺亦多了许多石刻题字，其中比较出名且兼具艺术书法价值的有"珠树莲台""名山胜水"题刻，为嘉靖丙申（公元1536年）秋七月四日，巡按山东监察沁阳张鹏书；"活水源头"题刻，嘉靖戊申（公元1548年）季春朔，山东巡抚彭黯书；山门前十里松题刻，"十里松。可泉"。可泉，即胡瓒宗，明正德三年（公元1508年）进士；"汉柏纪"题刻碑，万历三十六年（公元1608年）四月朔日吉建，长清县知县、大名人王之士立等。

明末，一边是华北地区灾难不断，一边是各地农民起义不断，再加上后金入关，改朝换代，灵岩寺好不容易在明朝振兴起来的香火，逐渐又进入衰亡之象，好在灵岩寺根基深，家大业大，才最终撑过了这场天灾人祸。

JINAN 济南故事

第十章

千古灵岩寺

一、艰难为继

明末崇祯十一年（公元1637年），一场被誉为五百年所未见的天灾席卷了整个华北地区；河北、河南、陕西、山西以及山东等地成为重灾区。当时黄河断流，大旱持续六七年之久，白骨遍地，民不聊生。到了1640年之后，北方的旱灾又转变为水灾，随即蝗虫肆虐，庄稼颗粒无收，没有食物的老百姓开始抓捕老鼠为食，甚至抢吃老鼠洞内所藏的残羹剩食，由此大名府率先出现大规模鼠疫。天气反复极端，也给瘟疫传播创造了机会，很快，山东青州、济南、德州、泰安等地相继发生大疫，有些地区死亡人数更是达到90%，天下一片生灵涂炭。

天灾不断，而已进垂亡的明朝政府早就行政僵化，根本无法应对如此严峻的情况，为此老百姓要么选择起义，要么选择落草为寇。当时灵岩寺就成为以孙华亭为首的明末农民起义军驻扎地之一，《灵岩志》对此记载道："以灵岩为属寇巢穴。寺僧有被害者，亦有为贼所屈者。惟慈舟、古贤二僧不屈贼，亦素知其行而重之，听其看守香火殿宇，保全佛像无恙，皆二僧之力。"万历年间还被誉为天下四刹的灵岩寺，谁能想到几十年后居然只剩下慈舟、古贤两位僧人看守殿宇香火呢？好在起义军虽然占据灵岩寺，却并没有毁庙破坏佛像，毕竟他们自身大多数也为长清县本地人，对于灵岩寺还是颇有感情的，这也得益于慈舟、古贤两位僧人之功。不过，有人打起了偷盗灵岩寺经书的主意，寺院一周的山林、田产也遭到了侵犯，即"灵岩古柏弥山，历代俱有严禁。自明崇祯十三年土寇大乱，为盗数之始，至今不息。禁愈严、盗愈甚，近来古柏殆尽。"可见，因为寺院山林缺少人看守，于是盗徒们便在灵岩寺山林中疯狂砍伐树木，导致古柏殆尽。要知道灵岩寺至明末已经立寺千年，山林之中的古柏更是棵棵需要两三人合抱才能围下，此次损失，着实严重。

崇祯十七年十月，清军攻入北京城，顺治帝迁都北京，随即南下扫平各地的抗清势力，很快整个华北地区就成了清朝的领土。顺治六年（公元1649年）正月，时济南邑侯吕公请清朝政府扫除盘踞在青崖山寨上的孙化亭队伍，于是山东巡抚吕逢春、长清知县吕朝辅等率领八百满汉官兵，于风雪中围困孙化亭三天三夜，最终剿灭了这群占山为王的匪徒，灵岩寺也从中解脱了出来；连之前偷了灵岩寺藏经的盗贼也被抓到，当场杖毙，暴尸城外，以示警诫。然而，经历了八年匪乱的灵岩寺此刻已经一片断壁残垣，长清县令吕朝辅因公夜宿灵岩寺，看到慈舟、古贤两位长老依旧对灵岩寺不离不弃，心中顿生无限感慨：昔日天下四大名刹之首，谁能想到有一天会仅剩两名僧人呢？

二、重修殿宇

清朝基本继承了明朝对于佛教的政策，虽然这段时期佛教世俗化严重，但是终归来说没有对佛教进行打压，甚至颇多扶持。顺治帝本人也崇佛，而且清朝入关之后实行休养生息的政策，各地寺院依次重开山门，灵岩寺自然逐渐开始恢复。当然，其中也少不了当地官员对于灵岩寺的支持，例如顺治十三年（公元1656年）担任山东学政的施闰章，他在游览灵岩寺期间见寺中的般舟殿"倾圮坏漏，瓦砾狼藉"，想到昔日般舟殿为灵岩寺最胜处，"望之若璇宫瑶阙"，心中生起了要为灵岩寺重修般舟殿的念头。

在施闰章的呼吁下，社会各界给予灵岩寺巨大的支持，"时三司诸公及州邑闻之，各竭其力告助于巡抚。……匠氏之属，畚锸之役，皆若有所慕而乐为，有所畏而不敢怠，故其直廉而备者众，其时速而成功多。"在众人的努力之下，般舟殿的重修很快就完成了。般舟殿的复兴，也代表着自明末以来灵岩寺在遭受天灾人祸之后，终于再度走上了恢复兴盛的路途。为此，施闰章亲写《重修般舟殿碑记》刻于灵岩寺，记载了这次"般舟之役"，也许这即是施闰章在文中所谓的"废极而兴"吧。与此同时，他还留下了一组长诗《灵岩行》，曰："灵岩开凿巨灵苦，万仞丹梯作环堵。已留天穴透珠星，更遗甘露泻石乳。重林深翠来风雨，铁崖涌出袈裟古。土花错落缕金斑，水田细绣天为补。丹台照耀层岩巅，削成石屋居无椽。杖黎直上八千尺，手抚白鹤凌紫烟。朗公卓锡呼不应，庞眉石丈拱我前。遍视人间悲浩劫，谁知梵宇亦桑田。般舟宝殿金银摧，世尊尘埃龙象哀。唐碑宋碣纷断折，存者欹侧埋荒苔。灵迹摩挲恨未了，倦游一宿良草草。安能高枕卧灵山，饱饭青精颜色好。"

顺治十七年（公元1660年）山东泰安人施天裔担任山东布政使，听说灵岩寺周边山林被人偷伐严重，寺院资产遭受严重侵犯，即下令对寺院资产进行保护，严禁百姓私自砍伐灵岩寺的树木。正是在"余泽尤钟乎兹山，护持多方"的情况下，不久之后灵岩寺"始获无恙"，山林中的树木也逐渐恢复。

除了施闰章和施天裔这样的山东本地官员以外，灵岩寺僧众在灵岩寺恢复元气之后也逐渐有了资金对毁坏的殿宇、佛像进行修复重建，其中就包括康熙五十三年（公元1714年）净意长老对千佛殿内四十尊宋明彩塑罗汉进行重新彩绘上色以及装銮；明然长老对位于五花殿后，原历代讲堂弥勒殿的改建；超然长老对献殿东边韦驮殿的重建。乾隆十一年（公元1746年），性端长老又对五花殿重修了一次。不仅如此，周围崇佛的百姓也慷慨相助，"邑耆老讳仲芳字翊明王君，慨然捐金"对当时寺内破败不堪的伽蓝殿进行了重修，不仅"规模愈壮"，而且新殿内"璀璨辉煌，洋洋大观"。根据《灵岩志》记载，老百姓还顺便把灵岩寺内的山神土地祠都修了一遍，由此灵岩寺逐渐恢复了前朝鼎盛之态。

随着寺院规模的逐渐恢复，前往灵岩寺拜访的僧众和香客、信徒自然也愈加增多，各项寺院管理事务以及法事、法会也逐渐重新开放，其中就有慕名前来灵岩寺修行的济正宗三十一世玉林琇国师下第四世传人珏庵瑞禅师。上一章提及明朝万历年间的紫柏尊者为灵岩寺最后一位高僧，后灵岩寺又遭大难，以至于空有天下四刹之名而无其实，所以这次珏庵瑞禅师的到来受到了灵岩寺全寺僧人的欢迎，"阖山耆宿闻之，皆执师礼迎至寺内，供养数日"，不仅如此，僧众们还就此请珏庵瑞禅师做主，选出了灵岩寺最新的寺院管理层。《灵岩志》对此记载道："有本山耆旧远辉督理、本山住持兼僧录司右觉义事务及真灿等，共议斯山之源，乃弘宗演教之地……今和尚至，我等大遇，不可错过，于是恭就师所请师训示。各充执事，就本寺圆戒参禅，纤尘不染，不轻出山，不入市廛，协力同心，共辅聚林。师乃欣然抚掌大呼曰："善哉！灵岩高僧，隐逸之风，一时罄复矣。""遂请远辉为都监，真灿为监院，继净为副寺，兴鉴、净来、远德为书记，继荣、妙林、妙能、真强、如吉、远光为知客，继清为典座，嗣祖沙门。明瑞书于灵岩丈室，并题命于方册，以广其传云。"

从《灵岩志》的记载来看，正是因为新管理层上位，灵岩寺的一切开始井井有条，僧人们分工明确，各司其职，香客增多，法会也愈加隆重。这点我们可以从文献记载中窥见一二，即"兹寺士夫登临览胜者时至，香客斋僧建醮者云集，亦与他刹有异。头等僧捧经诵咒，礼佛祝禧，专心于戒律，无争于人情，是为戒僧。二等僧习成随时经券，演就管钹乐章，呼为高工。或与香客拜忏建醮，或与士民荐拔诵经，亦能谨慎荤酒，不失僧家局面，是为应付僧。三等僧开设店房，安下香客，呼为门头。将本图利，虽非昔日面目，殷勤应世亦属本分生涯，是为接待僧。"

从这里来看，灵岩寺招待香客的方法和其他寺院不同，不仅明确其职，而且其中应付僧还能稍微吃点荤酒。实际上，根据《灵岩志》记载，这种三等僧人制，早在唐宋时期就已经在灵岩寺流行，只是后来由于贼寇之乱，才逐渐废弛。在这种情况之下，根据乾隆十四年（公元1749年）乾隆皇帝第一次游灵岩寺时的记载来看，当时从寺院到山巅，灵岩寺合计有殿宇36处，亭阁18座，自然风光12景，僧侣上百人，一片繁荣景象，已经不输盛明时期。

三、撰志灵岩

前文我们谈及灵岩寺在清初面临着许多困难，后得到了山东本地官员的资助和护持，才由明末的仅"二僧"看寺再次恢复到拥有百人的名刹。而在这些官员中，最值得说道的就是山东盐法道副使李兴祖，以及一本书。这本书想必看到这里的读者不会陌生，它就是马大相的《灵岩志》。

康熙三十二年（公元1693年）三月二十九日，山东盐法道副使李兴祖因慕灵岩寺之名而特地前往游览，这次游览灵岩寺给李兴祖留下了深刻印象，一方面在他心中"济南名山最企予怀者为灵岩",灵岩寺的自然景色给了李兴祖巨大的视觉冲击,这里"山势四合如埤堄,僧舍梵宇周列若阛阓。俯夹溪流,石梁横其上,水鸣锵然,清莹欲沏人眉宇"。另一方面破败的殿宇也令他心生感慨,李兴祖在游览完灵岩寺后感慨"然而夙愿获偿,梦寐中若与兹岩相对,而尘襟俗虑,庶几其免矣夫"!为此,他写下《游灵岩记》以及两首诗刻在岩石之上。

李兴祖回府之后,回想灵岩寺文化底蕴如此深厚,既有无数前人先辈的诗词、碑刻、题词,也有历代王朝敕赐的御书、圣旨、经藏,却没有一部完整的寺志来进行系统的记叙和汇总,如果只靠仅有艺文一目的灵岩寺旧志,实在难以表达灵岩寺的千古风流。再加上他亲眼见到了明末清初灵岩寺的萧条,恐历史重演,让灵岩寺历史淹没。于是李兴祖牵头找来了时任济南知府的孟光宗,两人说干就干。康熙三十五年(公元1696年),由山东盐法道副使李兴祖和济南知府孟光宗主持,长清教谕王弘任序次,玉昕采集,长清训导马大相编辑的《灵岩志》最终完成,合计"一图六纲,二十四目"。马大相说"诸凡胜概,披券了然",可见该书之翔实。《灵岩志》成为灵岩寺第一部严格意义上的寺

马大相版《灵岩志》插图

志，为后人了解灵岩寺的历史，了解这座千年古刹的风雨岁月，提供了最为全面和最具参考价值的文献，实乃大功一件。

根据李兴祖在《灵岩志》序文中的自述，"亟向山僧借志书一观，旧志毁于兵燹，新志刻逾半未竟，手为披阅，觉叙次稍冗蔓。"想来李兴祖本是利用公务之余自行编撰，不想却因为身体欠佳和公务繁忙，最终半途而废，这才找来济南知府孟光宗，让马大相等人编纂新志。而马大相在编纂新志的时候遍游灵岩寺，额外留下了《题灵岩寺》一首："来游名胜地，古迹喜重重。翰墨前人字，御书唐帝踪。南瞻卧象岭，北望行狮峰。磊落千秋石，虬龙百代松。黑云洞霭霭，白鹤泉济济。明孔旭岚绕，袈裟衰草封。花宫听梵偈，竹屋闻晨钟。借问何时至，是年丙子冬。"

《灵岩志》的出现非常及时，灵岩寺僧众将该志"兹刻志版，贮于本寺，专僧坚守。凡偶遇远近游人，愿得书者，便于就寺印刷，以广其传。"可见灵岩寺对于《灵岩志》的看重，更是随时为人印刷，这对于灵岩寺恢复声望，有很大帮助。当时，《灵岩志》一共有两个版本，一本是康熙年李兴祖作序，一本是乾隆年刊本，后者增录《迟贤亭考》一文。有了马大相的《灵岩志》，道光十五年以及民国二十四年的《长清县志》都增加了《灵岩志略》章节，丰富了灵岩寺的历史文化底蕴。

四、八游灵岩

有清一代，前文提及的山东本地官员施闰章和李兴祖以外，曾为灵岩寺留下过墨宝且颇具名气的文人还有清初儒学大师，有"清学开山始师"之称的顾炎武和"桐城派"著名文学家姚鼐。

顾炎武来灵岩寺，是因为他要完成自己的全国性地理总志《肇域志》（其中专写山东的为《山东杂考录》）。为了完成《山东杂考录》，顾炎武遍游山东诸地，并于顺治十六年（公元1659年）秋到访灵岩寺，写有《登灵岩诗》一首以及《考灵岩寺》和《考铁》两篇灵岩寺相关文章。其中《考灵岩寺》中叹息灵岩寺"石刻仅录十之一,而近年之乱,多为人取用不存。良可惜。"在《考铁》中,顾炎武认为济南自古产铁,所以灵岩寺中充满着神话色彩的铁袈裟就是当时济南炼铁的遗物。

姚鼐,乾隆年进士,时任山东会试考官,他曾从泰山北麓一直到达东麓,遍游灵岩寺和泰山之后返回泰安,并就此留下《游灵岩记》一文。

不久,灵岩寺迎来了一位重量级人物,他前后共八次驻跸灵岩寺,成为灵岩寺史上光辉时刻,这就是乾隆皇帝。在今灵岩寺山门外广场东壁上,还镌刻着乾隆帝撰书的八块御碑,人称"御碑崖"。同时乾隆帝前后共为灵岩寺赋诗一百二十余首,题刻数不胜数,亲自提名灵岩八景,留下诸多古迹和故事,成为灵岩寺史上赋诗最多、题景最多的人,那么乾隆这八次游览灵岩寺都发生了些什么呢?

根据历史文献记载,早在乾隆二十一年(公元1756年),乾隆帝就打算在南巡期间中途驻跸灵岩寺,一是兵马休憩,二是因为当时皇太后笃信佛教,令乾隆到灵岩寺去上香,为此先行下旨在灵岩寺甘露泉西建造了爱山楼以及驻跸亭,作为自己的泰山行宫,故又名"乾隆行宫"。准备妥当之后,次年四月二十八日,乾隆来到长清县"上幸灵岩寺拈香",当他看到自己的爱山楼建筑规模宏大、富丽堂皇甚是开心,高兴之余又亲自御书"巡方揽秀"额,意为巡幸方山揽山河锦绣,可见乾隆对灵岩寺风景的中意。

初到灵岩寺,对于乾隆来说一切都是新鲜的,他为寺中的大雄宝殿题额"卓锡名蓝";为摩顶松撰楹联"奇松尔日犹回向,诡石何心忽点头";看到灵岩寺对松桥南边滴水崖处嵯峨幽僻,水花四溅,景秀绝美,遂赐名"雨花岩"并赋一首。根据聂剑光的《泰山道里记》记载,乾隆二十七年、三十年和三十六年游灵岩寺的时候再到滴水崖均有赋诗,并且在此建了一座亭子。在如今的滴水崖旁,有一块雨花岩石碑见证此事。

在第一次游灵岩寺期间,乾隆还登灵岩山即兴赋诗:"春巡气尚寒,有兴未登眺。清和兹返辔,日长况早到。"如今此诗刻在可公床东边约5米的石壁上。除以上所述外,乾隆还在灵岩寺做了一件趣事。北宋期间灵岩寺住持仁钦

禅师曾就灵岩寺名胜古迹列过一个"灵岩十二景"，并分别为之赋诗，后来明朝宣德年间一个叫作金鼎的济南人将十二景又改为八景，分别是"方山积翠、甘露澄泉、境池春晓、明孔雪晴、书楼远眺、默照幽吟、松斋皎月、竹径晚风"。结果乾隆游玩灵岩寺后，发现这八景并不符合他的审美，于是重新命名灵岩八景并赋诗，新八景为："巢鹊岩、甘露泉、卓锡泉、摩顶松、铁袈裟、白云洞、雨花岩、爱山楼。"甚至后来每次驻跸灵岩寺，乾隆都要为这八景再次逐一赋诗，也难怪世称乾隆为写诗狂魔。这也说明了灵岩寺自然风景的丰富。

　　乾隆第二次驻跸灵岩为乾隆二十七年（公元1762年）春正月，是其第三次南巡途中。这次乾隆给灵岩寺寺区西端的石坊亲笔题写"灵岩胜境"四字，这是灵岩寺的第一道山门，竣工于乾隆二十六年（公元1701年），他还在卓锡泉石壁上刻《乾隆题卓锡泉诗刻》，在白云洞内西侧墙壁上刻《乾隆题灵岩白云洞诗碑》。

　　乾隆三十五年（公元1765年）春正月，乾隆第四次南巡返京途中再次驻跸灵岩寺爱山楼行宫，为其第三次驻跸灵岩寺，在灵岩寺山门外东侧石壁上，刻有该年的《乾隆游灵岩寺题诗》。这年驻跸灵岩寺，乾隆对摩顶松产生了浓厚兴趣，因为寺中僧人告诉乾隆皇帝，摩顶松为唐朝陈玄奘西去拜佛求经之前亲手种植在灵岩寺的，然而陈玄奘根本没有到过灵岩寺，那这摩顶松又是从何处而来？于是乾隆为摩顶松泼墨作图，写下了一篇考据类论文《写摩顶松放歌纪事》，开头曰："《大唐新语》称摩顶松在灵岩寺，为玄奘遗迹。夫唐时，建都长安，玄奘发轫自必由彼。而取经回，译经于弘福寺，亦今西安……班班可证，于此地无涉。或玄奘由此诣长安译经？事毕来居此？或长安亦有灵岩寺？均不可知。此当徐考耳。"面对这一疑问，乾隆最后也只得感叹"鉴别真难矣"。

乾隆三十六年（公元1771年），这次乾隆于东巡途中驻跸灵岩寺礼佛，为其第四次到灵岩寺，今灵岩寺山门外东侧石壁上有《乾隆灵岩寺礼佛题诗碑》，便刻于此年。乾隆四十一年（公元1776年），乾隆于东巡途中再次游览灵岩寺，灵岩寺山门外东侧石壁上的《乾隆灵岩寺题诗碑》和卓锡泉旁石壁上的《乾隆题卓锡泉诗刻》同年落款，是为第五次。乾隆四十五年（公元1780年）正月，乾隆第五次南巡并第六次驻跸灵岩寺，有该年的《乾隆题卓锡泉诗刻》和《乾隆题甘露泉诗碑》。根据《泰山道里记》记载，甘露泉诗碑应该碑阳、碑阴以及两侧各题有一首，但如今只见碑阳和碑侧处。乾隆四十九年（公元1784年），第六次南巡时，乾隆第七次驻跸灵岩寺，有该年的《乾隆题卓锡泉诗刻》。乾隆五十五年（公元1790年），已经八十岁的乾隆第八次，也是最后一次前往灵岩寺，这次在灵岩寺他作《八题灵岩八景叠甲辰韵》，又题《卓锡泉》，首句为："五年隔复偶斯来，不改青山崔与嵬。"八十岁了，乾隆的诗终于有了情景结合，人生感悟之美，只是对于乾隆为何对卓锡泉情有独钟，也算是历史上一桩迷案了吧。

显而易见，乾隆八游灵岩寺，是因为灵岩寺刚好处于乾隆所规划的南巡途中要道，且在这里修建了行宫爱山楼，有了第一次，此后不论南巡还是东巡山东，祭拜泰山，这里都成为乾隆皇帝的落脚点。也是因为这层原因，乾隆年间为了随时让皇上落脚，灵岩寺内大小建筑时常进行修缮，道路也被拓宽修整，树木植被皆不例外，而这些皆由政府拨款资助，在维持灵岩寺寺院繁华的同时，也减轻了寺院的经济压力。

经过康乾盛年间的寺院僧人努力，灵岩寺再度恢复名刹之风，文人墨客亦纷至沓来。同治十三年（公元1874年），灵岩寺用两千七百两巨资重修千佛殿，又为殿内彩塑罗汉重新妆銮敷彩，可见当时的灵岩寺依旧兴盛。

令人遗憾的是，由于《灵岩志》最后一版为乾隆年刊本，连马大相自己也感叹"从来文风之盛无过熙朝何，灵岩题咏不多观也，盖岩志缺将六十年矣"。以至于清朝灵岩寺笔墨题刻载于史册的并不多。到了清末民国的时候，当时政府又在种种原因之下并未对《灵岩志》进行续订，使得这一时间内灵岩寺所发生的种种成为了空白，着实可惜。不过，好在清末那段动荡并未对灵岩寺建筑文物有多大的损坏，以至于我们可以见到现在历史与文化并重的灵岩寺。

五、古寺考古

相较于明末到清初，灵岩寺在清末到民国的这段时间内，反而因为地处深山、远离人迹未受到太大的损失，只是法事等大型崇佛活动迫不得已因为入寺僧少以及佛教式微等原因暂时停顿了下来。不过，在那些艰难的岁月中，寺内僧众对灵岩寺殿宇、碑刻、塑像的保护，使得灵岩寺至少在文物层面保留了清代中后期以降所遗存下来的绝大多数古迹。

与此同时，随着西方思想传入中国，1901年梁

林徽因和梁思成

启超率先在《中国史叙论》中把19世纪中叶欧洲的考古学理论带入中国，由此我国学界开始了近代考古学热。再加上清末时期帝国主义列强以派遣探险队、考察队为名，趁机掠夺我国的历史文物，最后甚至连古代建筑、寺院石窟、古代陵墓也不放过，以至于许多珍贵的顶级国宝流失海外，造成了永远无法弥补的损失。这更加激发了我国对于文物的保护意识和对于古建筑的研究和发掘，无数学者开始收集、研究我国五千年文明中留下的浩瀚文物。也正是在这个契机之下，梁启超的儿子和儿媳，我国近代著名建筑学家梁思成、林徽因夫妇立志要为全中国的古代建筑进行考察测绘，一为保护我国古代建筑，二为向全世界展示我国古代工匠的智慧结晶。而他们第一时间想到的，就是父亲梁启超曾留下"海内第一名塑"题词的灵岩寺。

原来早在1922年7月初，受中华教育改进社年会之邀，梁启超就来到山东济南演讲《教育和政治》。济南长清县灵岩寺天下四刹的名声，梁启超早就有耳

林徽因和梁思成为研究中国古建筑结构，奔波于各大寺院

闻，所以在演讲之余便特意抽空去了一趟灵岩寺。他看到寺中山色以及恢宏壮观的殿宇，十分欣喜。当他在千佛殿中看到四十尊罗汉像的时候，整个人彻底愣住了，即便以他的学识和见识之广，这些嬉笑怒骂、表情丰富逼真的彩塑罗汉像，在其他地方亦未可见。虽然当时由于条件有限并未对这些彩塑罗汉展开更为细致的考古研究，但是梁启超一眼便断定这才是灵岩寺真正的无价之宝，由此亲自写下碑文《题灵岩寺千佛殿宋罗汉造像》，"海内第一名塑"，落款为"民国十一年七月新会梁启超"。

在近代考古学理念传入中国之前，别说外人根本无法意识到灵岩寺中还藏着这四十尊绝世宝贝，即使是与之朝夕相处的灵岩寺僧人，也完全没有意识到这些泥头疙瘩的真正价值，每尊都堪比黄金。也正因如此，才有了这段佛缘。1936年，在河南考察结束的梁思成、林徽因夫妇搭火车到达济南，而后直奔久负盛名的灵岩寺。到达灵岩寺之后，他们对灵岩寺的各式建筑进行了仔细的研究，一边丈量测绘，一边鉴定其建造工艺和建造年份，同时也考究其到底有没有文物价值。也正是在这个过程中，梁思成、林徽因夫妇发现了灵岩寺中的另一样宝贝，那就是塔。首先是辟支塔，梁思成在其著作《漫谈佛塔》中对它这么评价道："在黄河、淮河流域，佛塔一般没有模仿木结构的雕饰……山东长清灵岩寺辟支塔，虽然用斗拱承托塔檐，但也用斗拱承托平座。"这里主要说的是辟支塔的雕饰独特，但没有进一步深入研究。不过这也并不怪他，毕竟辟支塔真正大放异彩，要等到后来进行考古挖掘，挖出阿育王浮雕的时候，而早前到灵岩寺的梁思成当然是看不到这些的。

林徽因为研究中国古建筑，奔波于各大寺院

相对于辟支塔，更加吸引梁思成和林徽因夫妇的是灵岩寺中的墓塔林。毕竟规模如此之大、保存如此完好、时间跨度如此之长久，各朝各代样式众多、可资研究的石质墓塔，在中国仅此一处。而其中最引起梁思成注意的，便是建于唐朝天宝年间的慧崇塔。在《中国建筑史》的第五章中，梁思成把慧崇塔当作唐代的建筑典型，不仅绘有详细的数据，而且将结构、刻饰等细节一一分解解析，后来此讲更是作为清华大学建筑系的课本内容。

梁思成和林徽因夫妇的到来，不仅肯定了灵岩寺作为千古名刹文物古迹的考古价值，同时也让灵岩寺走出了佛教和信众视野，成为大众所熟知的寺院。当然，最为重要的是让政府知道了应该对灵岩寺的古迹文物进行保护，毕竟这座寺庙，虽外面看上去和其他寺庙一样，但里面可真是不一般。

六、修缮保护

近代以后，国家内忧外患，伴随着整个社会的动荡，灵岩寺自然无可避免地逐渐衰败。不过在抗战期间，灵岩寺虽然法事停顿，却因为拥有庞大的寺院田地，寺中的僧众远比普通百姓要过得好很多。相关资料显示，当时灵岩寺僧人有四五十人，却拥有着上百亩田地；附近几个村庄里的老百姓绝大多数都是灵岩寺佃户，他们要向灵岩寺缴纳高达十分之七的粮食作为租金。这些村民开始不满灵岩寺僧众定下的高额租金，遂把事情闹到了济南府。在政府的调解下，最终达成了村民留八成、付给灵岩寺两成的协议。不过经此一事，灵岩寺的多数僧人认为再待下去也无利可图，最终只留下十余人看守寺院，其他人都离开了。根据《长清政协文史资料》记载，1947年国民党进驻山东的时候，还从灵岩寺中借粮谷子一万斤、小麦五千斤，可见拥有庞大田产的灵岩寺维持寺院日常经营是没有任何问题的。不过也是在同年末，灵岩寺僧人全部还俗并撤出寺院，政府接管了灵岩寺。

新中国成立之后，我国实行宗教信仰自由政策，各教各宗都在逐步恢复，而对于那些损坏严重但具有历史文化价值的寺院古迹，国家拨专款专项进行维护修缮。1950年，山东省委交际处刘仁浦陪同时华东军区、华东野战军司令员陈毅到灵岩寺看望在此养伤的伤病员。原来一年前，华东野战军见灵岩寺群山环绕、环境清幽，寺院拥有空旷的殿宇，于是在灵岩寺设立了后勤疗养院、康复医院，亦为之后灵岩寺作为山东省干校和山东省卫校以及济南军区空军后勤部队的军事物资仓库打下基础。

陈毅在看望伤员期间发现灵岩寺许多珍贵文物破坏严重，指示山东省政府对灵岩寺进行修缮，特别是诸如彩塑罗汉像这种拥有极高价值的文物，一定要妥善保护。为此，山东省政府划拨5000斤小米，并组织木工为千佛殿内的彩塑罗汉设置了保护橱，极大降低了损失。1957年，国家又拨款3.8万元维修千佛殿。1967年，相关部门出资开凿了千佛殿后面的排水沟。

1970年，山东省文化局文物主管部门把灵岩寺辟支塔的修缮工作列入全省古代建筑重点维修计划，并在筹备两年后拨款3万元对辟支塔进行专项修缮，包括塔内外楼梯、各层塔檐、刹座、塔刹、塔心等。据悉，当时的木质塔心因为年代久远，铁质刹件歪斜，导致原本做固定用、拽引铁索的罗汉力士被拔起，向一边倾斜了整整1.5米，一旦完全倒塌，后果不堪设想，好在最后都被修缮一新。1973年，针对灵岩寺内的众多文物古迹，灵岩寺设立专门的保护小组，隶属于原长清县文化馆领导。1975年，灵岩寺文管组成立。1977年，千佛殿内的罗汉像被列为第一批省级文物保护单位。1978年，山东省政府拨款10万元对灵岩寺院落以及墓塔林进行维护整修。1979年，灵岩寺文管组改为灵岩寺文物管理所，并正式对外开放。

从这里我们可以看到，进入近代以后，灵岩寺的文化历史以及古迹文物的价值越来越被重视，几乎每年都能得到政府对灵岩寺的资助，特别是灵岩寺作为独立单位之后，不管是对寺院的修整恢复还是保护，都更加完善了。而当时的人们不知道的是，灵岩寺地下还沉睡着大量珍贵的文物，等待重见天日的一天。

1980年，国家文物局拨款五万元对慧崇塔进行修复。前面我们已经提到慧崇塔作为典型的隋唐年代石塔在其结构上的经典之处，后来塔帽损坏严重，灵岩寺才专门向国家申请对其进行修复。当时我们对于文物的修复秉持着"恢复原状，保存现状"的原则，研究人员发现原慧崇塔的石料来源于六律庄村北山坡，但由于在此取料要破坏大量山皮，灵岩山的整体美观必定受到影响，于是研究人员沿着山脉涉数十里，终于在方山北麓锅子顶山下找到了和慧崇塔一模一样的青岩石石料。1980年这次对慧崇塔的修复毫无疑问是一项巨大工程，工作人员从开始测量绘图到完全竣工，历时整整一年半的时间，才最终有了我们现在看到的慧崇塔模样。

1981年，由济南市文管会、济南市博物馆和原长清县灵岩寺文管所牵头，国家拨款对彩塑罗汉进行了一次全面的大整修。这次整修可谓发现巨大，同时也揭开了彩塑罗汉的年代之谜（这些均在前文中已述，本处不再赘述）。总之，这次发现不仅在我国彩塑佛像史上有着巨大的意义，而且也肯定了灵岩寺四十尊彩塑罗汉作为"海内第一名塑"的赞誉，可谓实至名归，同时对于提高灵岩寺作为文物古迹的保护等级，也有重大的推动作用。正因如此，1982年，部队将灵岩寺文物区移交地方，由文管所全方位管理，同时经国务院批准，灵岩寺成为第二批全国重点文物保护单位，以后享有更多的维修资金和更大的保护力度。次年，济南军区空军仓库撤出灵岩寺，将寺院腾出。

1984年，济南市文化局对灵岩寺山门、天王殿、大雄殿、钟鼓楼、御书阁等寺内建筑进行了维修。1985年，又重塑山门金刚二尊。1989年，灵岩寺文管所升级为灵岩寺管理委员会，全权负责灵岩寺的日常管理和保护工作。

七、近年工作

1993年，济南市政府批准同意在灵岩寺增设佛事法事。1995年6月，灵岩寺举行了隆重的佛像开光仪式，随后僧团正式入住寺院。这也预示着中断了足足48年的灵岩寺再次响起梵音，有着举足轻重的历史意义。同年9月，为了更好地保护灵岩寺以及相关文物，经国家文物局批准，灵岩寺管委会分别于1995和1996年先后两次组织了灵岩寺遗址大型考古发掘活动，考古专家对鲁班洞、般舟殿、辟支塔塔基等均进行了细致勘察，收获极其丰富，例如证明了鲁班洞为早年灵岩寺山门，李邕《灵岩寺碑颂并序》的出土解开了灵岩寺的许多未解之谜，般舟殿里面挖掘出来的唐朝石塔、经幢和佛头，以及辟支塔塔基上的阿育王浮雕，这些发现令当时的考古专家和所有关注这件事的人都感到震惊，谁都没有想到灵岩寺的地下竟然还藏有这么多的"故事"，这次考古标志着灵岩寺的研究向前推进了一大步。1997年，山东省政府对千佛殿内的彩塑罗汉再次进行了彩绘修复以及其他一系列的工作，这就是目前我们所见的彩塑罗汉形象。

2002年9月，灵岩寺佛教文化与艺术高级学术研讨会成功召开。除了考古研究上的突破以外，各种佛事活动也得以恢复，灵岩寺逐渐恢复成了泰山西麓的一颗佛学明珠。2006年，值农历四月初八佛祖释迦牟尼诞生之日，灵岩寺举办了大规模的舍利子、舍利塔瞻礼供奉法会。2007年对于灵岩寺来说，又是非常重要的一年。由于灵岩寺还存在着因年久失修、寺院经济不足而致使部分建筑破败的现象，所以灵岩寺管委会编制了灵岩寺文物保护规划，拟分五期工程对灵岩寺寺内文物古迹进行全方位的修缮和重建，最终获得了国家批准。

为了配合此次整体规划的实施，当年7月，山东省考古研究所（今山东省文物考古研究院）、济南市考古研究所、长清区文物管理所、灵岩寺管理委员会组成灵岩寺联合考古队，在灵岩寺五花阁东侧的殿房遗址进行了考古发掘，并取得了一系列的成果。例如出土了一块金朝所刻的石碑，内容为金朝完颜祯所写的《灵岩赋呈明远和尚》，还有唐代石浮雕、北宋石柱、乾隆题刻《铁袈裟》诗以及铜币等。

除此以外，考古人员还在遗址东区南侧发掘出一个由大石块铺砌成的池子，长2.33米、宽1.58米、深约1米，里面铺满碎砖以及破碎瓷器片，边上有一把铁质刀鞘和些许动物遗骨。专家推测该处原为灵岩寺厨房，大池子为蓄水的水池，而刀鞘则推断为南宋初年辛弃疾率领义军在灵岩寺一带抗击金兵时所留。当然，这些尚没有定论。

自此之后，灵岩寺基本每年都会举行盛大的法会，为国为民祈福。作为拥有1600年历史的古寺，在灵岩寺的身上我们可以感受到历史和文化的厚重。它不仅诉说着自己这1600年岁月中的故事，更可以透过它看到山东佛教从起步到现在的历程，了解佛教在中国的整个传播和兴衰历史。

灵岩寺可以保留如此多的文物古迹，是它的气运，更是我们的幸运，济南人的幸运。

图书在版编目（CIP）数据

灵岩寺：无边佳境绝尘埃 / 朱军营著. — 济南：济
济南出版社, 2021.7
（济南故事 / 杨峰主编）
ISBN 978-7-5488-4726-7

Ⅰ.①灵… Ⅱ.①朱… Ⅲ.①佛教—寺庙—介绍—济
南 Ⅳ.①B947.252.1

中国版本图书馆CIP数据核字（2021）第115348号

灵岩寺：无边佳境绝尘埃
LINGYANSI: WUBIAN JIAJING JUECHENAI

出 版 人：崔　刚
图书策划：李　岩
责任编辑：范玉峰　董傲囡
封面设计：张　金
特约摄影：王　琴
出版发行：济南出版社
地　　址：济南市市中区二环南路1号　250002
邮　　箱：ozking@qq.com
印 刷 者：济南新先锋彩印有限公司
经 销 者：各地新华书店
成品尺寸：170 mm×230 mm 1/16
印　　张：11.5
字　　数：182千字
印　　数：1—3 000册
出版时间：2021年7月第1版
印刷时间：2021年7月第1次印刷
书　　号：ISBN 978-7-5488-4726-7
定　　价：68.00元